KB249989

창비시선 100

김 남 주 詩集

사상의 거처

창비

차 례

2

제 3 부

5

제 1 부

시에 대하여

할머니는 산그늘에 앉아 막대기로 참깨를 털고

어머니는 따가운 햇살 등에 받으며 호미로 고추밭을
매고

아버지는 이랴 자랴 소를 몰아 논수밭에서 쟁기질을
하고

나는 나는 학교 갔다 와서 산에 들에 나가

망태 메고 꼴을 베기도 하고 염소를 먹이기도 했지
요

나는 보고는 했지요 어린 시절에

할머니가 깨를 터시다 말고 막대기를 훼훼 저어

모밀밭을 해치는 산짐승을 쫓는 시늉을 하는 것을

나는 보고는 했지요 어린 시절에

어머니가 김을 매시다 말고 사금파리를 주워

고춧잎에 붙은 진딧물을 긁어내는 것을

나는 보고는 했지요 어린 시절에

아버지가 쟁기질을 잠시 멈추시고 꼬챙이를 깎아

황소 뒷다리에 붙은 진드기를 떼어내는 것을

그래서 그런지는 몰라도 내 시에는
그 시절 우리 식구들이 미워했던 것들——
산짐승 진딧물 진드기 같은 것이 자주 나오지요
그래서 그런지는 몰라도 내 시에는
그런 것들을 내치느라 일손을 잠시 놓으시고
우리 식구들이 대신 들었던 것들——
막대기 사금파리 꼬챙이 같은 것이 많이 나오지요

예술지상주의

예술지상주의 그것은 애초에
이승은 떠남의 세계였고 현실은 네미씹이었다
그에게는 예술지상주의자에게는
문명은 파괴되어야 할 적이었고
자학과 광기와 절망이 삶의 전부였다
그에게는 나이도 없었다
예술이라면 제 애비도 몰라보는 후레자식이 예술지
상주의였다
염병할! 그놈의 사후의 명성이란 것도
그에게는 부질없는 무덤이었다
예술이라면 예술 아닌 모든 것이
저주해야 할 대상이었다 쓰레기였다
부르조아 새끼들의 위선이 거만이 구역질나서 보들
레르는
자본의 시궁창 파리 한복판에 악의 꽃을 키웠다
랭보는 꼬뮌 전사의 패배에 절망하여
문명의 절정 빠리를 떠났다

시에다 똥이나 싸라 침을 뱉고

대한민국의 순수파들 절망도 없이
광기도 자학도 없이 예술지상주의를 한다
수석과 분재로 예술지상주의를 한다
학식과 덕망의 국회의원으로 예술지상주의를 한다
자르르 교양미 넘치는 입술로
자본가의 접시에 군침을 홀리면서 예술지상주의를
한다
에끼 숭악한 사기꾼들
죽으면 개도 안 물어가겠다
그렇게 순수해가지고서야 어디 씹을 맛이 나겠느냐

시인은 모름지기

공원이나 학교나 교회
도시의 네거리 같은 데서
흔해빠진 것이 동상이다
역사를 배우기 시작하고 나 이날이때까지
왕이라든가 순교자라든가 선비라든가
또 무슨무슨 장군이라든가 하는 것들의
수염 앞에서
칼 앞에서
책 앞에서
가던 길 멈추고 눈을 내리깐 적 없고
고개 들어 우러러본 적 없다
그들이 잘나고 못나고 해서가 아니다
내가 오만해서도 아니다
시인은 그 따위 권위 앞에서
머리를 수그린다거나 허리를 굽혀서는 안되는 것이다.

모름지기 시인이 다소곳해야 할 것은

삶인 것이다

파란만장한 삶

산전수전 다 겪고

이제는 돌아와 마을 어귀 같은 데에

늙은 상수리나무로 서 있는

주름살과 상처자국투성이의 기구한 삶 앞에서

다소곳하게 서서 귀를 기울여야 하는 것이다

그것이 비록 도둑놈의 삶일지라도

그것이 비록 패배한 전사의 삶일지라도

다시 시에 대하여

시의 내용은 생활의 내용 내 시에는
흙과 노동이 빚어낸 생활의 얼굴이 없다
이제 그만 쓰자 시를 써야겠다는 생각도
내 머릿속에서 지워버리자
가자 씨를 뿌리기 위해 대지를 갈아엎는 농부의 들
녘으로
가자 뿌리를 내리기 위해 물과 싸우는 가뭄의 논바
닥으로
가자 추위를 막기 위해 북풍한설과 싸우는 농가의
집으로
내 시의 기반은 대지다
그 위를 찍어내리는 곡괭이와 삽의 노동이고
노동의 열매를 지키기 위한 피투성이의 싸움이다
대지 노동 투쟁——
생활의 이 기반에서 내가 발을 떼면
내 시는 깃털 하나 들어올리지 못한다
보라 노동과 인간의 대지에 뿌리를 내리고

생활의 적과 싸우는 이 사람을
피와 땀과 눈물로 빚어진 이 사람의 얼굴을

가엾은 리얼리스트

시골길이 처음이라는 내 친구는
흔해빠진 아카시아 향기에도 넋을 잃고
촌뜨기 시인인 내 눈은
꽃그늘에 그늘진 농부의 주름살을 본다

바닷가가 처음이라는 내 친구는
낙조의 파도에 사로잡혀 몸둘 바를 모르고
농부의 자식인 내 가슴은 제방 이쪽
가뭄에 오그라든 나락잎에서 애를 태운다

뿌리가 다르고 지향하는 바가 다른
가난한 시대의 가엾은 리얼리스트
나는 어쩔 수 없는 놈인가 구차한 삶을 떠나
밤별이 곱다고 노래할 수 없는 놈인가

나는 나의 시가

나는 나의 시가
오가는 이들의 눈길이나 끌기 위해
최신유행의 의상 걸치기에 급급해하는 것을 바라지
않는다
나는 바라지 않는다 나의 시가
생활의 현실에서 눈을 돌리고
순수의 꽃으로 서가에 꽂혀
호사가의 장식품이 되는 것을
나는 또한 바라지 않는다 자유를 위한 싸움에서
형제들이 피를 흘리고 있는데 나의 시가
한과 슬픔의 넋두리로
설움 깊은 사람 더욱 서럽게 하는 것을

나는 바란다 총검의 그늘에 가위 눌린
한낮의 태양 아래서 나의 시가
탄압의 눈을 피해 손에서 손으로 건네지기를
미처 먹지도 마시지도 못하고

배부른 자들의 도구가 되어 혹사당하는 이들의 손에
건네져
깊은 밤 노동의 피곤한 눈들에서 빛나기를
한 자 한 자 손가락으로 짚어가며
그들이 나의 시구를 소리내어 읽을 때마다
뜨거운 어떤 것이 그들의 목젖까지 차올라
각성의 눈물로 흐르기도 하고
누르지 못할 노여움이 그들의 가슴에서 터져
싸움의 주먹을 불끈 쥐게 하기를

나는 또한 바라 마지않는다 나의 시가
입에서 입으로 옮겨져 노래가 되고
캄캄한 밤의 귓가에서 밝아지기를
사이사이 이랑 사이 고랑을 타고
쟁기질하는 농부의 들녘에서 울려퍼지기를
때로는 나의 시가 탄광의 굴 속에 묻혀 있다가
때로는 나의 시가 공장의 굴뚝에 숨어 있다가

때를 만나면 이제야 굴욕의 침묵을 깨고
들고일어서는 봉기의 창 끝이 되기를.

절망의 끝

그동안 내 심장은 십 년 이십 년
바위 끝을 자르는 칼바람의 벼랑에서 굳어 있었다
너무 굳어 있었다
이제 그만 내려가자
등성이를 타고 에움길 돌아
종다리 우는 보리밭의 아지랑이 속으로
가서 내 심장 춘삼월 훈풍에 녹이자
그동안 몇십 년 동안
때라도 묻은 것이 있으면 고개 넘어
불혹의 강물에 가서 씻어내리고
그러자 그러자 잠시
찬바람 이는 언덕에서 내려와
찔레꽃 하얗게 아롱지는 강물에
내 심장 깊이깊이 담그고 거기
피묻은 자국이라도 있으면 그것마저 씻어내고
내 마음의 거울 손바닥만한 하늘이라도 닦자
맑게맑게 닦아 그 자리에

무엇 하나 또렷하게 새겨넣자
이를테면 별처럼 아득한 것
절망의 끝이라든가
내가 아끼는 사람 이름 석 자 같은 것이라든가

이 겨울에

한파가 한차례 밀어닥칠 것이라는
이 겨울에
나는 서고 싶다 한 그루의 나무로
우람하여 듬직한 느티나무로는 아니고
키가 커서 남보다
한참은 올려다봐야 할 미루나무로도 아니고
삭풍에 눈보라가 쳐서 살이 터지고
뼈까지 하얗게 드러난 키 작은 나무쯤으로
그 나무 키는 작지만
단단하게 자란 도토리나무
밤나무골 사람들이 세워둔 파수병으로 서서
그 나무 몸집은 작지만
다부지게 생긴 상수리나무
감나무골 사람들이 내보낸 척후병으로 서서
싸리나무 옻나무 나도밤나무와 함께
마을 어귀 한구석이라도 지키고 싶다
밤에는 하늘가에

그믐달 같은 낫 하나 시퍼렇게 걸어놓고
한파와 맞서고 싶다

적막강산

콕
콕콕
콕콕콕
새 한 마리
꼭두새벽까지 자지 않고
깨어나
일어나
어둠의 한 모서리를 쫀다
콕 콕콕 콕콕콕……

이윽고 먼데서
닭울음소리 개울음소리 들리고
불그레 동편 하늘이 열리고
해 하나 불쑥 산너머에서
개선장군처럼 솟아오른다

이렇게 오는 것일까 새 세상은

하늘이 열리고 땅이 열리고

새 세상은 정말

새 세상은 정말

어둠을 쪼는 새의 부리에서 밝아오는 것일까

돌멩이 하나

하늘과 땅 사이에
바람 한점 없고 답답하여라
숨이 막히고 가슴이 미어지던 날
친구와 나 제방을 걸으며
돌멩이 하나 되자고 했다
강물 위에 파문 하나 자그맣게 내고
이내 가라앉고 말
그런 돌멩이 하나

날 저물어 캄캄한 밤
친구와 나 밤길을 걸으며
불씨 하나 되자고 했다
풀밭에서 개똥벌레쯤으로나 깜박이다가
새날이 오면 금세 사라지고 말
그런 불씨 하나

그때 나 묻지 않았다 친구에게

돌에 실릴 역사의 무게 그 얼마일 거냐고
그때 나 묻지 않았다 친구에게
불이 밀어낼 어둠의 영역 그 얼마일 거냐고
죽음 하나 같이할 벗 하나 있음에
나 그것으로 자랑스러웠다

잣나무나 한 그루

내 안에 비수 하나 있었다 그걸 꺼내
독점과 폭정의 심장을 찾아
밤의 거리를 헤매었던 시절이 있었다
나에게는 한때나마 그런 시절이 있었다!
아 그 무렵 내 나이는 팔팔한 나이
조국과 전선의 이름으로 내 모든 것을 바쳐
싸워야 한다고 다짐할 줄 알았던 좋은 때였으니
그날 밤 나는 얼마나 벅찬 가슴이었던가!

그것은 그러나 벌써 십여 년 전의 일이다
그날 밤 나와 함께 밀폐된 방에서 투쟁의 칼을 세워
놓고
승리 아니면 죽음을! 맹세했던 동지는
이제 이 세상 사람이 아니고
승리도 아니고 죽음도 아닌 나는
그를 찾아 지금 무덤으로 가고 있다 그와 나란히
비수를 품고 밤길을 걸었던 그 길을 따라

신향식 동지 ——
사형대의 문턱에 한 발을 올려놓고
고개 돌려 그가 나에게 했던 말 그것은
죽으면 내 무덤에 잣나무나 한 그루 심어다오
그뿐이었다

나는 지금 그의 무덤 앞에 와 있다
어엿하게 장성한 그의 아들과 함께
소복을 입은 그의 부인과 함께
무덤가에 한 그루 나무를 심고
그 밑에 예의 비수도 하나 꽂아놓는다
그날 밤 우리가 다짐했던 맹세
승리 아니면 죽음을! 가슴에 되새기며

그렇다 이 나무는 동지의 나무다
민족의 나무 해방의 나무 밥과 자유의 나무다

사람들아 서러워 말아라 이 나무 밑에서
죽음에는 나이가 없는 법이다 역사에서 위대한 것은
승리만이 아니다 패배 또한 위대한 것이다
이 땅에서 아름다운 것 그것은 싸우는 일이니
그것을 다른 데서 찾지 말아라
찾아라 이 나무 밑에서 칼과 피의 나무 밑에서

밤　　길

나를 보더니 보자마자 고선생이
남주야 남주야 다급하게 부르더니
다짜고짜 나를 데리고 근처 다방으로 갔다
거기 어디 구석지고 으슥한 데에 나를 앉혀놓고
은밀하게 타일렀다

너 말이야 앞으로 조심 좀 있어야겠더라
어제 말이야 우연히 저쪽 사람 하나를 만났는데 말
이야
그 사람 말을 그대로 옮겨볼 것 같으면 말이야
감옥에서 나와서까지 남주가
그런 식으로 말을 하고 다니고
그런 식으로 글을 쓰고 하면
우리들이 곤란하다고 그러더라

출옥하고 나서 그동안 2년 동안
나는 이런 소리를 여러 차례 들어왔다

기원이를 만나러 검찰청에 갔다 온 시영이한테도 들
었고

무슨 일로 남영동에 갔다 왔다는 수택이한테도 들었고
달포 전에는 남산 어딘가에서 들었다면서
형식이가 밤중에 전화까지 해줬다.

고선생과 헤어지고 나는 곧장
집으로 가지 않고 밤길을 걸었다
광화문 지하도를 뚫고
헌병이 어깨총을 하고 있는 미대사관 철문을 지나
울산에서 올라온 노동자들이 땅바닥에 천막을 쳐놓고
앉아버티기 싸움을 하고 있는 어느 재벌회사의 건물
앞마당에서 잠시 발을 멈췄다

건물의 문이란 문은 죄다 입을 다물고 있었다
노동자들은 그 입에 대고 뭐라고 뭐라고 외쳐대고
있었다

우리도 사람이다 식수 좀 쓰자
우리도 사람이다 화장실 좀 쓰자
우리도 사람이다 눈비 좀 피해 자자

눈 오는 날 비까지 와서 미끄러운 길바닥
오늘은 어디 싸구려 여인숙에나 가서 자고 갈까
이런 계산을 하면서 나는 나에게 물어보았다
어떤 식으로 내가 글을 쓰고 말을 하고 다녔길래 그
들을 곤란하게 했을까
어떤 식으로 내가 말을 하고 글을 써야 그들을 곤란
에서 벗어나게 할 수 있을까

제 2 부

설날 아침에

눈이 내린다 싸락눈
소록소록 밤새도록 내린다
뿌리뽑혀 이제는
바싹 마른 댓잎 위에도 내리고
허물어진 장독대
금이 가고 이빨 빠진 옹기그릇에도 내리고
소 잃고 주저앉은 외양간에도 내린다
더러는 마른자리 골라 눈은
떡가루처럼 하얗게 쌓이기도 하고

닭이 울고 날이 새고
설날 아침이다
새해 새아침 아침이라 그런지
까치도 한두 마리 잊지 않고 찾아와
대추나무 위에서 운다

까치야 까치야 뭣하러 왔냐

때때옷도 없고 색동저고리도 없는 이 마을에
이제 우리집에는 너를 반겨줄 고사리손도 없고
너를 맞아 재롱 피울 강아지도 없단다
좋은 소식 가지고 왔거들랑 까치야
돈이며 명예 같은 것은
그런 것 좋아하는 사람들에게나 죄다 주고
나이 마흔에 시집올 처녀를 구하지 못하는
우리 아우 덕종이한테는
행여 주눅이 들지 않도록
사랑의 노래나 하나 남겨두고 가렴

악   몽

밤에 누가 문을 두드리면
내 가슴은 덜컥 내려앉고
내 머리는 순간적으로
체포
감금
고문
재판
투옥의 단어를 기계적으로 떠올린다
아 언제 나는 자유를 노래하고
감시의 눈을 의식함이 없이 거리를 활보할 수 있을까
아 언제 나는 노동자를 두둔하고
자본의 보복으로부터 벗어날 수 있을까
아 언제 나는 또 하나의 조국을 사랑하고
감옥으로부터 자유로울 수 있을까
아 언제 나는
체포
구금

고문
재판
투옥의 그림자를 의식하지 않고
시를 쓰고 집회장에 갈 수 있을까
아 언제 나는 언제 나는
집에 돌아와
문 두드리는 소리에 겁을 먹지 않고
밤의 잠자리에서 편히 쉴 수 있을까

아내가 울고 있다 이불 속에서
젖먹이 아이를 꼭 껴안고

내 나이 벌써

땅 위에 태어나서 나 하늘 높이에
이념의 깃대 하나 세우지 못한다
가난뱅이들이 부자들의 마을에 가서 고자질할까 봐
그런 것도 아니다
내 나이 벌써 마흔다섯이다

하늘 아래 태어나서 나 땅 위에
계급의 뿌리 하나 내리지 못하고 있다
부자들이 가난뱅이들 마을에 와서 행패를 부릴까 봐
그런 것도 아니다
내 나이 벌써 마흔다섯이다

하늘과 땅 사이에 나 할 일이 없는가 이렇게도 없는가
까마득한 세월 10년 전 그날처럼
나는 이제 지하로 흐르는 물도 되지 못하고
지상에서 먹고 살 만한 동네에 살면서
이런 말 저런 글 팔고 다닌다

그것도 허가난 집회에서나
그것도 인가난 잡지에서나
내 나이 벌써 이렇게 됐는가 !

아기를 보면서

제비꽃을 만지작거리는 아기의 손가락
봄바람에 한들한들 춤추는 고사리 같고

장다리밭에서 나비를 쫓는 아기의 눈동자
초롱초롱 빛나는 것이 초저녁의 샛별 같고

하늘 향해 두 팔 벌리고 기지개를 켜는 품은
비 온 뒤 쑤욱쑤욱 자라나는 죽순 같네

오 여보게 친구 우리 아기 좀 보게
어서어서 키워서 그 손에 호미를 쥐어줘야겠네
어서어서 키워서 그 손에 괭이를 쥐어줘야겠네
봄이면 들에 나가 나물이나 캐먹고 살라고 그러는
게 아니네
가을이면 산에 올라 칡뿌리나 캐먹고 살라고 그러는
게 아니네
콩나물 한 그릇 안심하고 먹을 수 없는 서울이 무서

워서 그러네

별 하나 아름답게 키우지 못한 서울 하늘이 저주스
러워서 그러네

고기 한 마리 병들지 않고 살지 못하는 서울의 강이
싫어서 그러네

우리 아기 고운 아기

나물이나 뜯어먹고 칡뿌리나 캐먹고 평생을 가난하
게 살지언정

맑은 물 맑은 공기 푸른 하늘과 가까이 벗하며

흙과 더불어 시골에 살았으면 싶어서 그러네

고   집

아기 고집은 황소고집보다 세다
그 고집 엄한 아버지의 매로도 꺾을 수 없고
그 고집 다정한 어머니의 달램으로도 누그러뜨릴 수
없다
한번 토라졌다 하면
하고 싶은 일 하게 할 때까지
먹고 싶은 것 먹게 할 때까지
꺾이지 않는 그 고집 아기 고집
독재자 아니면 꺾을 자 없다
독재자가 휘두르는 칼 아니고는

고뇌의 무덤

나는 그린다 여인의 얼굴을
허공에 담배연기 속에 그 까만 눈을
내 고뇌의 무덤 그 하얀 유방과
달빛에 젖은 골짜기 그 축축한 허벅지를
눈을 감고 그린다 허공에 담배연기 속에

오 부챗살처럼 펼쳐지는 여인의 몸 밤의 잠자리여
입술을 기다리는 입술
팔을 기다리는 허리
가슴을 기다리는 가슴
오 귀가 멀수록 가깝게 들리는 그대 거친 숨결이여
나는 놓는다 나는 놓는다 나는 놓는다
그대가 마시는 모든 술잔에 나의 입술을
그대가 만지는 모든 사물에 나의 무기를
그대가 그리는 모든 그리움에 나의 노래를
깊고 깊은 골짜기에서 그대는 갈증의 샘처럼 흐르고
나는 땅속 깊이 그대를 파헤쳐 하늘 아래 별처럼
붉은 아기 하나 태어나게 하고 싶다

한 여자가 나를 기다리고 있다

한 여자가 나를 기다리고 있다
세상 모든 여자들 중에서
첫키스의 추억도 없이
한 여자가 나를 기다리고 있다

어디로 갔나 그 좋은 여자들은
바위산 언덕에서 풀잎처럼 누우며
아스라이 멀어져가는 천둥소리와 함께
소낙비의 내 정열을 받아들였던 그 여자는
어디로 갔나 황혼의 바닷가에서 검은 머리 날리며
하얀 목젖을 뒤로 젖히고 내 입술을 기다렸던 그 여
자는
뭍으로 갓 올라온 고기처럼
파닥이며 솟구치며 숨을 몰아쉬며
내 가슴에서 끝내 자지러지고 말았던 그 여자는

지금쯤 아마 그들은 어느 은밀한 곳에서

나 아닌 딴 남자와 마주하고 있겠지
사내의 유혹을 예감하며 술잔을 비우고
유행가라도 한가락 뽑고 있을지도 모르지
이윽고 밤은 깊고 숲 속의 미로에서
비밀 속의 비밀을 속삭이고 있을지도 모르고……
죽일 년들! 십 년도 못 가서 폭삭 늙어
빠진 이로 옴질옴질 오징어 뒷다리나 핥을 년들!

아 그러나 철창 너머 작은 마을에는 처녀 하나 있어
세상 모든 남자들 중에서 나 하나를 기다리고 있나니
이 밤이 처음이자 마지막인 양 그렇게 안아주세요
속삭일 날의 기약도 없이 나를 기다리고 있나니

나 그 네

조상 대대로 토지 없는 농사꾼이었다가
꼴머슴에서 상머슴까지
열 살 스무 살까지 남의 집 머슴살이였다가
한때는 또 뜬세상 구름이었다가
에헤라 바다에서 또 십 년 배 없는 뱃놈이었다가
도시의 굴뚝 청소부였다가
공장의 시다였다가 현장의 인부였다가
이제는 돌아와 고향에
황토산 그늘에 쉬어 앉은 나그네여
나는 안다 그대 젊은 시절의 꿈을
그것은 아주 작은 것이었으니
보습 대일 서너 마지기 논배미였다
어기여차 노 저어 바다의 고기 낚으러 가자
통통배 한 척이었고
풍만한 가슴에 푸짐한 엉덩판
싸리울 너머 이웃집 처녀의 넉넉한 웃음이었다
그것으로 그대는 족했다

그것으로 그대는 행복했다

십 년 만에 고향에 돌아와서도
선뜻 강 건너 마을로 들어서지 못하고
바위산 그늘에 쉬어 앉은 나그네여

검은 눈물

우리 아빠 굴속에서 나올 때쯤 되면
우리 엄마 앉았다 일어섰다 가만있지를 못합니다
화장을 하고 옷을 입고 신을 신고
옆집 철홍이네 엄마한테 가서 연탄불 부탁하고
날 데리고 우리 엄마 허둥지둥 탄광 쪽으로 가는 길
검은 길 까끄막길을 오릅니다

해 저물어 저만큼 캄캄한 굴속에서
새까만 얼굴의 광부 아저씨들이 나오면
탄차에 우뚝 선 우리 아빠 얼굴이 보이고
우리 엄마 나를 꼭 껴안고 길게 한숨을 쉽니다

집으로 돌아가는 길은 즐거운 길
아빠는 엄마에게 달그락거리는 빈 도시락을 건네주고
날마다 날마다 하신 말씀 또 합니다
오늘은 암도 다치지 않았어 조금만 더 참읍시다
그러고는 하늘 높이 기운차게 나를 안아올립니다

그러면 나는 우리 아빠 가슴에 안겨

탄가루 자욱한 얼굴을 자꾸만 자꾸만 문지르고

이윽고 검은 눈물이 아빠의 뺨을 타고 방울져 내립
니다

황 영 감

어서 가야지 어서 가야지
자식들 고상 덜 시키고 어서 가야지
사람들 곁에 있으나 없으나 혼자 중얼거리며
북망산천을 오르내리는 아랫마을 황영감
여든 고개 넘기고 올해도 봄밭에 나와
곡괭이로 웬 구덩이를 판다
한 자 반만큼 깊게는 파서 두엄을 깔고
그 위에 다시 합수를 찌끌고 흙을 덮고 그러더니
한 그루 나무를 심는다
그리고 그제서야 허리를 펴고 하늘을 보고
저만큼에서 소를 먹이고 있는 손주를 불러
차렷자세로 세워놓고 이르신다

순동아 이것 내가 심은 단감나무다
너도 크고 나무도 크고 어서어서 커서
먼 훗날에 주렁주렁 감이 열리면 내 몫까지 따먹어라
마침 지나가는 길손이 있으면 그를 불러

함께 와서 따먹게 하고……
무릇 먹고 마시고 하는 것은 옛부터
남몰래 혼자 먹는 게 아니란다
모자라면 모자라는 대로 나눠먹어야 제맛이란다
암 그래야 하고말고
그래야 이웃간에 우정이 도타워지고
세상도 시끄럽지 않단다 알겠느냐

집의 노래

어제 나는 신림동 어디에 사는
고향 친구 아들의 돌잔치에 갔다
친구 마누라는 국민학교 오학년 때
나와 한반이었던 그 여자아이였다
눈 밑에 점이 있어 동네 아낙들이
이름 대신 점백이라 불렀던 그녀는
역시 나와 한반이었던 내 친구와
단칸셋방에서 살고 있었다

잔치가 끝나고 나는 제약회사에 나간다는
친구의 친구가 권하는 승용차를 물리치고
셋방살이 친구와 옷가게를 찾았다
아버지를 따라나선 친구의 큰아들은 일곱 살이라 했다
가게를 나와서 친구와 헤어지고 나는
전철역으로 무거운 발길을 옮기면서
옛 동요 하나를 떠올렸다
학교가 파하면 동무들과 어깨동무하고

집으로 돌아오면서 부르고는 했던 노래 ——

눈을 감아도 찾아갈 수 있는 우리집
목소리만 듣고도 난 줄 알고 얼른 나와
문을 열어주는 우리집
조그만 들창으로 온 하늘이 다 내다뵈는 우리집

용택이 마을에 가서

어제 나는 용택이 마을에 갔다
마을 앞으로는 섬진강이 얕게 흐르고
집집마다 울타리 너머 감나무에는
빨갛게 익은 감이 주렁주렁 열려 있었다

용택이네 집은 시골 우리집과 똑같이
삼간 홑집에 밤색 기와를 이고 있었다
우리집과 매한가지로 용택이 집에도
돼지막은 있었으되 돼지는 없었다
외양간은 있었으되 소는 보이지 않았다
개 한 마리 토방 밑에 쭈그리고 앉아
낯선 사람 맞이하는 건지 멀리하는 건지
꿈벅꿈벅 눈만 떴다 감았다 했다

용택이 동네에서 남자란 남자는
쉰 살 예순 살 늙은 노인네뿐이었고
마흔세 살 용택이가 제일 어린애였다

그래서 그런다면서 마을에 무슨 일이 생기면
물정 모르는 마을 어르신네들은 밤이고 낮이고
용택이에게 와서 의논을 한다고 했다
그러면 용택이는 마을의 입이 되고 손발이 되어
면에 가서 봄 가을 농사자금도 타다 주고
제 집사람(그녀는 내가 본 여자들 중에서
기중 맘에 든 여자였다)을 시켜 인근 건설현장에 가서
밥값이며 전표 같은 것을 틀림없이 계산해 오도록
했다

마을 앞을 흐르는 섬진강은
아직은 그래도 더럽혀지지 않아서
은어가 팔팔하게 살아 숨쉬고
동네 길은 다행히 아스팔트로 뚫리지 않아서
오가며 법석을 떠는 외지 사람도 뜸해
산에 들에는 푸성귀가 지천으로 깔려 있지만
남주형 이런 마을 무엇에 쓰겠소

주인 몰래 홍시 하나 따먹고 골목으로
냅다 줄행랑을 치는 아이 하나 없으니
무엇에 쓰겠소 형님 저기 꽃산 가는 길
달이 암만 밝아도 그 아래서
연애 거는 처녀 총각 한 쌍 없으니……
이것은 나와 헤어지는 길목에서 용택이가
담배연기에 날려보내는 한숨 섞인 푸념이었다

아버지의 무덤을 찾아서

추수가 끝난 들녘이다
나는 어머니의 등불을 따라 밤길을 걷는다
마른 옥수숫대 사이로 난 좁다란 밭길이 끝나고
어머니의 그림자가 논길로 꺾이는 어귀에서
나는 잠시 발을 멈추고
논가에 쓰러져 있는 흰옷의 허수아비를 일으켜 세운다
아버지 제가 왔어요 절 받으세요
그동안 숨어 살고 갇혀 사느라
임종도 지켜보지 못한 불효자식을 용서하세요
그러나 허수아비는 대답이 없다
야야 거그서 뭣하냐 어서 오지 않고
저만큼에서 어머니가 재촉하신다
아버지 생각이 나서 그래요 어머니
가뭄의 논바닥에 물을 댄다고
아버지와 같이 여기서 이슬잠을 자다가
새벽에 제가 피똥을 싸는 배를 앓았어요
나도 알고 있어야 그해 가을 일은

그때 느그 아부지 놀래가지고 너를 업고
어성교 약방으로 달려가던 모양이 눈에 선하다야
그날 새벽에 니가 꼭 죽는 줄 알았어야
나는 다시 어머니의 등불을 따라
또랑을 건너고 솔밭 사이 황톳길로 들어선다
다 왔다 저기 저것이 느그 아부지 묏등이어야
니가 서울서 숨어 살 때 돌아가셨는디
참 불쌍한 사람이어야 일만 평생 죽자살자 하고
자식덜 덕 한번 못 보고 저승 사람 됐으니께
느그 아부지가 너를 을마나 생각했는 줄 아냐
너는 평생 돈하고는 먼 사람일 것이라면서
저 아래 징갤 논배미는 니 몫으로 띠어놓으라 하고
마지막 숨을 거두셨단다

산언덕바지에 앉아 있는 아버지의 무덤은
일곱 마지기 우리 논을 내려다보고 있었다
이놈아 니가 그러고 댕긴다고 세상이 뒤집힐 것 같

으냐

첫 감옥에서 나와 무릎 꿇고 사랑방에 앉아 있을 때
아버지가 내게 하셨던 꾸중이 떠올랐다 가엾은 양반

동   행

밤하늘 희미한 구름 사이로
으스름 달빛 빛나고
바람은 불어 된새바람
솔밭 사이 황토밭 마른 수숫대를 흔든다

── 진눈깨비가 오려나 보지요

달빛에 젖은 창백한 사내가 외투깃을 세우며
동행의 여자에게 다시 말을 붙였다

── 아까 그 차가 막차였나 봐요
어떡하죠 저 땜에 차를 놓치게 돼서

여자는 자기보다 큰 보퉁이를 애꿎게 쥐어뜯으며
미안해했다
딴은 그놈의 보퉁이가 차를 그냥 가게 했는지도 모
른다

차는 멈출 듯하다가도 덩치 큰 짐을 보고 그랬는지
번번이 줄행랑을 놓고는 했으니까

—— 아니어요 운전사가 심통이 나서 그랬을 것입니다
이쁜 아가씨와 함께 있는 못생긴 남자가 아니꼬워서
말입니다
그런데 아가씨 아가씨는 아까 자기를 소개하면서
자조 섞인 말투로 공순이라 했고
나는 나를 소개하면서 멋쩍게 웃으며 글쟁이라 했습
니다
이제 우리 그러지 맙시다
당신은 노동자 나는 시인 떳떳합시다

그리고 사내는 허리 굽혀 여자의 보퉁이를 어깨에
멨고
그러자 여자는 사내의 가방을 들고 뒤를 따랐다
가방에서는 고소하게 깨소금 냄새가 났다

읍내까지 시오릿길은 험했다
앞서거니뒤서거니 하면서
노동자와 시인은 밤길을 재촉했다
살얼음이 깔린 개울을 건너고 고개를 넘었다
찾아갈 곳은 못 되더라 내 고향 어쩌고저쩌고
나 태어난 이 강산에 투사가 되어 어쩌고저쩌고
그들은 에움길을 돌면서 노래도 불렀다

그들은 합의했다 너럭바위 언덕에서
읍내에 도착하면 대합실에서 한숨 붙이고
내일 아침 서울행 첫차를 타자고

제 3 부

길

감옥이 열리고
길도 따라 내 앞에 열려 있다
세 갈래 네 갈래로

어느 길로 들어설 것인가
불혹의 나이에
나는 어느 길로도 선뜻
첫발을 내딛지 못한다

농사나 지을까
나로 인해 화병으로 돌아가신
아버지의 들녘으로 가서

시나 쓸까
이 세상 끝에라도 가서

쉬었다나 갈까

어디 절간 같은 데라도 가서

별생각이 다 떠오른다
그러나 세상은
내 좋을 대로 하라고 내버려두지 않는다
자꾸만 자꾸만 내 등을 밀어 사람들 속으로 집어넣
는다

오늘도 나는 어느 집회에 가야 한다
가서 세상이 한번 뒤집히기를 요구하는 사람들 앞에
서서
목소리를 높여 시를 읽고 말을 하고
돌아오는 길에 쓰디쓴 입맛을 다셔야 할 것이다
사물의 핵심을 찌르지 않고 비껴가는
내 시와 말이 비겁하지 않느냐는 생각을 하면서
나도 한때 핵심을 비껴가는 시를 쓰고 말을 하고 다
니는 사람을
안타까운 눈으로 바라본 적이 있었음을 떠올리면서

사상의 거처

나는 지금 어디에 있는가
입만 살아서 중구난방인 참새떼에게 물어본다

나는 지금 어디로 가고 있는가
다리만 살아서 갈팡질팡인 책상다리에게 물어본다

천 갈래 만 갈래로 갈라져
난마처럼 어지러운 이 거리에서
나는 무엇이고
마침내 이르러야 할 길은 어디인가

갈 길 몰라 네거리에 서 있는 나를 보고
웬 사내가 인사를 한다
그의 옷차림과 말투와 손등에는 계급의 낙인이 찍혀
있었다
틀림없이 그는 노동자일 터이다

지금 어디로 가고 있어요 선생님은

　그의 물음에 나는 건성으로 대답한다 마땅히 갈 곳
이 없습니다

　그러자 그는 집회에 가는 길이라며 함께 가자 한다

　나는 그 집회가 어떤 집회냐고 묻지 않았다 그냥 따
라갔다

　집회장은 밤의 노천극장이었다

　삼월의 끝인데도 눈보라가 쳤고

　하얗게 야산을 뒤덮었다 그러나 그곳에는

　추위를 이기는 뜨거운 가슴과 입김이 있었고

　어둠을 밝히는 수만 개의 눈빛이 반짝이고 있었고

　한입으로 터지는 아우성과 함께

　일제히 치켜든 수천 수만 개의 주먹이 있었다.

　나는 알았다 그날 밤 눈보라 속에서

　수천 수만의 팔과 다리 입술과 눈동자가

살아 숨쉬고 살아 꿈틀거리며 빛나는
존재의 거대한 율동 속에서 나는 알았다
사상의 거처는
한두 놈이 얼굴 빛내며 밝히는 상아탑의 서재가 아
니라는 것을
한두 놈이 머리 자랑하며 먹물로 그리는 현학의 미
로가 아니라는 것을
그곳은 노동의 대지이고 거리와 광장의 인파 속이고
지상의 별처럼 빛나는 반딧불의 풀밭이라는 것을
사상의 닻은 그 뿌리를 인민의 바다에 내려야
파도에 아니 흔들리고 사상의 나무는 그 가지를
노동의 팔에 감아야 힘차게 뻗어나간다는 것을
그리고 잡화상들이 판을 치는 자본의 시장에서
사상은 그 저울이 계급의 눈금을 가져야 적과
동지를 바르게 식별한다는 것을

숨막히는 자유의 이 질곡 속에서

밥 달라 벌린 입에
총알 멕이는 그런 사람 없다면
우리나라 좋은 나라 될 거야
자유 달라 벌린 입에
최루탄 멕이는 그런 사람 없다면
우리나라 좋은 나라 될 거야
암 그렇고말고
부자들 재산을 지켜주느라
노동자와 싸우는 경찰관 아저씨가 없다면
권력의 담을 지켜주느라
자유와 싸우는 군인 아저씨가 없다면
우리나라 좋은 나라 되고말고

그러나 그런 사람 없어지지 않을 거야
가난한 이들의 단결 없이는
그러나 그런 사람 없어지지 않을 거야
짓밟힌 이들의 투쟁 없이는

그래서 나는 물었던 거야

살해된 처녀의 피묻은 머리카락 앞에서

화해와 용서를 설교했던 당신에게

그래서 나는 물었던 거야

피묻은 옥좌 앞에 무릎을 꿇고

밥과 자유를 구걸했던 당신에게

지금도 묻고 있는 거야 나는

죽음이 죽음을 낳고

죽음이 죽음을 낳고

죽음이 죽음을 낳고

죽음의 긴긴 행렬 속에서만이

살아남은 자들의 숨결이 살아 숨쉴 수 있는

숨막히는 자유의 이 질곡 속에서

이렇게 나는 묻고 있는 거야

단결 없이

가난한 이들의 목숨을 건 단결 없이

밥 한 그릇 공짜로 부자들이 내준 적 있었는가

투쟁 없이

짓밟힌 이들의 목숨을 건 투쟁 없이

한 발이라도 스스로 압제자들이 물러난 적 있었던가

4·19 이래 있었던가

5·18 이래 있었던가

6·29 이래 있었던가

대한민국 반세기 이래 있었던가

고난의 길

어머니가 아들을 낳고 아들이 어머니를 낳았습니다
이소선 여사가 그 어머니고
전태일 열사가 그 아들입니다

나는 혹사의 노역장으로 노동자를 내모는 자본의 세
계에 살면서
그 어머니에 그 아들을 본 적이 없습니다
그 아들에 그 어머니를 본 적이 없습니다
상복을 입고
불에 타 죽은 아들의 사진을 껴안고 오열하는 이 여
인이 그 어머니인가
목놓아 흐느끼는 모습이
험한 세상에 자식을 빼앗기고
가파른 인생을 사는 우리네 어머니들과 꼭 닮았습니다

그러나 어머니여
자식의 죽음으로 다시 태어난 천만 노동자의 어머니여

나는 알고 있습니다

당신의 자식이 굴리다 굴리다 힘에 겨워 못다 굴린
삶의 무게를

그 무게를 머리에 이고 당신이 걸었던 고난의 길을

그 길의 시작과 끝을 나는 알고 있습니다

길에는 끝이 있습니다 나도 가렵니다

자본의 무게에 짓눌린 노동자의 틈에 끼여 어깨동무
하고

당신이 지금 걷고 있는 그 길을 함께 가렵니다

노동자가 여는 해방의 길이 인류해방의 길과 맞닿는
다는 것을

나는 알고 있기 때문입니다 당신한테 배워서

노예라고 다 노예인 것은 아니다

노예라고 다 노예인 것은 아냐
자기가 노예라는 것을 알고 그게 부끄러워서
참지 못하고
고개를 쳐들고 주인에게 대드는 자
그는 이미 노예가 아닌 거야

보라고 옛날 옛적 고려적에
칼에 맞아 죽을지언정 항복은 하지 않겠다
기어코 개경에까지 쳐들어가
권귀들의 목을 베고 빼앗긴 재물을 도로 찾겠다
이렇게 다짐하고 들고일어섰던 망이와 망소이를 보
라고
이렇게 노예이기를 마다한 그 순간부터
그들은 이제 노예가 아닌 거야

보라고 또
총칼로 왕후장상이 되고 안되고 했던 그런 시절에

왕후장상이 따로 있는가
때를 만나면 누구도 할 수 있는 것이다
우리 노예들이라고 해서
모진 매질 밑에서 일만 하고 살라는 법은 없는 것이다
노비문서를 불에 태우고
이 땅에서 천민을 없애고 나면
우리도 왕후장상이 될 수 있다
이렇게 선언하고 동지를 규합했던 만적을 보라고
이렇게 노예이기를 거부한 그 순간부터
그는 이미 노예가 아닌 거야

노예가 노예인 것은
자기가 노예이면서 노예인 것을 깨닫지 못한 자야
깨닫고는 있으면서도 주인이 두려워서
노예이기를 거부하지 못하고 눌려사는 자나
주인이 던져주는 밥덩이의 크기에 배가 불러
돼지처럼 행복한 자야

그래서 노예는 노예시대에만 있었던 게 아냐

착취와 압박을 당하고 살면서도 그것을 깨닫지 못하
거나

깨닫고는 있어도 노예이기를 거부하지 못한 자는

때와 장소에 상관없이 오늘날에도 노예인 거야

그 대신 착취와 압박을 당하며 살고 있다는 것을 깨
닫고

그게 부끄러워서 참지 못하고 싸우는 자

그는 이제 노예가 아닌 거야

해방자인 거야 해방자 !

굴   레

타고난 양반이었기에 너의 아버지는
손에 흙 한줌 안 묻힌 부자였고
타고난 상놈이었기에 나의 아버지는
나이 마흔에 허리가 구부러졌고
손가락이 쇠갈퀴가 되도록 흙을 파도
가난의 굴레에서 벗어나지 못했다

부잣집 자식으로 태어난 너는
시도 때도 없이 꿀맛처럼 달콤한 강정을 빨았고
가난의 자식으로 태어난 나는
때묻은 손가락이나 더럽게 빨아야 했다

나는 보았다 내 어린 시절에
상놈의 딸을 사고 파는 양반들을
나는 보았다 내 어린 시절에
남의 아내 희롱하고 겁간하고도
탈없이 잘도 사는 부자들을

나는 보았다 내 어린 시절에
양반의 도덕에 감히 어쩌지 못하고
제 마누라한테나 화풀이를 하는 상놈들을
나는 보았다 내 어린 시절에
부자의 윤리에 그 가슴에 낫을 꽂고
까막소로 끌려가는 가난뱅이 자식들을

그렇다 양반들로부터 부자들로부터
우리 상놈들이 가난뱅이들이 받아본 것이라고는
곰방대를 두드려내리는 호령소리뿐이었다
종아리에서 시퍼렇게 멍드는 채찍뿐이었다
걸레처럼 엉덩짝에서 찢어지는 곤장뿐이었다

삶
종놈의 삶
가난의 삶
거기에는 치욕이 있을 뿐이었다

80

거기에는 모욕이 있을 뿐이었다
거기에는 굴욕이 있을 뿐이었다

동두천에서

저 사람들이 그 사람들인가
옆구리에 하나씩 여자를 꿰차고
술집과 술집 사이를 누비고 다니는 저 사람들이
그동안 사십 몇년 동안 나의 자유를 지켜준 사람들
인가

저 사람들이 그 사람들인가
Try burning this one 이라고 씌어진 글씨와 그 밑에
성조기를 그린 내의를 걸친 저 사람들이
앞으로도 영원히 나의 평화를 지켜줄 사람들인가

어젯밤 나는 동두천에 있었다
밤은 불야성을 이루고 환락의 도가니 속에서
나는 물었다 나 자신에게
1946년 성조기 아래서 태어났던 나
대한민국의 역사를 알고 이날이때까지
자학과 광기 없이 나는 조국의 하늘을 바라볼 수 있

었던가
　가위눌려 악몽에 시달리지 않고
　나는 내 조국의 자유를 노래할 수 있었던가
　감시의 눈을 의식하지 않고
　체포와 구금과 투옥의 밤을 의식하지 않고
　나는 내 나라의 평화를 그릴 수 있었던가
　나는 죽고 싶었다 어젯밤 동두천에서
　성조기 펄럭이는 식민지의 하늘 아래서
　오 광기여 광기의 자식 자학이여
　내가 죽어 차라리 개로 환생할 수 있다면
　내 눈엣가시 주둔군의 저 철사줄이라도 물어뜯을 것을
　내 증오의 깃발 성조기에 대고 울부짖기라도 할 것을
　여기저기 도시에 마을에 숨어 산다는
　핵병기의 비밀을 파헤쳐놓기라도 할 것을

　목이 쉰 개의 비명이 내 귀에서 지고
　밤이 울고 있었다 그 울음소리에 나는 술에서 깨어

났고

  웬 여자가 토할 듯 입을 틀어막고 내 옆을 지나가고
있었다

남과 북이 패를 갈라

어제 나는 잠실운동장에 있었다
거대한 고무보트와도 같은 경기장에서는
남과 북이 패를 갈라 공을 차고 있었고
관람석을 가득 메운 구경꾼들은
그 공의 향방을 쫓느라 넋을 잃고 있었다

나는 공의 향방에는 아랑곳하지 않고
무엇에 굶주린 도둑고양이처럼
사방팔방으로 눈알을 굴리며 주위를 둘러보았다
여기저기 일정한 간격을 유지하고
구경꾼들 틈새에 박혀 있는 새마을 모자들
가수들의 요란한 의상과 치어걸들의 괴상한 몸짓
에이스 침대 나이키 맥스웰 커피
비제바노 프로스펙스 랜드로바 코카콜라……
이런 것들은 분명히 있었다 그러나 어디에도
내가 찾는 것은 없었다 눈을 씻고 봐도 없었다
흔해빠진 노래 우리의 소원은 어쩌고저쩌고 하는 것

도 없었고

　자주네 평화네 통일이네 하며 내 귀를 시끄럽게 했던
　관념의 뼈다귀 같은 말의 성찬도 보이지 않았다

　여간만 실망하지 않은 나는
　발길을 돌려 출입구로 향했다 그런데 바로 그 순간
이었다
　구경꾼들 틈에 박혀 있었던 새마을 모자들이
　허겁지겁 일어나더니 한쪽으로 몰려가는 것이었다
　무슨 일이 일어났을까 나의 시선이 멈춘 곳에서는
　대여섯 명의 젊은이들이 하얀 천을 펼쳐들고 뭐라고
외치는데
　모자들이 떼거리로 몰려가서 그 입을 덮치고 있었다
　그리고 젊은이들과 모자들은 하얀 천을 놓고
　치고 받으며 난투극을 벌이고 있었다 그러나 그것도
중과부적
　삽시간에 백 명 이백 명으로 수가 늘어난 모자들은

젊은이들의 멱살과 손목을 움켜잡고 어딘가로 끌고
가버렸다
아무도 거기에 개입하거나 따지는 사람은 없었다
다만 구경하느라 엉덩이를 들고 고개를 내밀었던 사
람들은
모자들이 조성한 험악한 분위기에 기가 죽었는지
슬그머니 자리에 엉덩이를 내리고 얌전하게 앉아 있
었다

내가 사태의 처음과 끝을 안 것은 한참 후였다
젊은이들이 외치다 모자에 입이 막혀 질식사했던 구
호와
젊은이들이 펼치다 모자들에게 빼앗겼던 하얀 천에
썩어진 글씨는
'조국은 하나다'였다

자유에 대하여

자유를 내리소서 자유를 내리소서
십자가 밑에 무릎 꿇고 주문 외우며
기도 따위는 드리지 않을 것이다
적어도 대지의 자식인 나는

자유 좀 주세요 자유 좀 주세요
강자 앞에 허리 굽히고 애걸복걸하면서
동냥 따위는 하지 않을 것이다
적어도 직립의 인간인 나는

왜냐하면 자유는
하늘에서 내리는 자선냄비가 아니기 때문이다.
왜냐하면 자유는
위엣놈들이 아랫것들에게 내리는 하사품이 아니기
때문이다
　자유는 인간의 노동과 투쟁이 깎아세운 입상이기 때
문이다

그것은 타는 입술을 적시는 술과도 같은 것
그것은 허기진 배에서 차오르는 밥과도 같은 것
그것은 검은 눈에서 빛나는 별과도 같은 것
선남선녀가 달무리의 원을 그리며
노래하고 춤추는 대지의 축제이기 때문이다

그러기에 오 자유여 어떤 욕심쟁이가 있어
그대를 가로채어 독차지하고
그대 주위에 담을 쌓고 철망을 치고
한낮의 거리에 미친 개를 풀어놓는다면
오 그러기에 자유여 어떤 심보 사나운 자가 있어
그대 가슴에 그대 숨통에 쇠뭉치와 군홧발을 올려놓
는다면
나는 싸울 것이다 시위를 떠난 화살이 되어
나는 싸울 것이다 손아귀를 떠난 창이 되어
나는 싸울 것이다 나무꾼이 휘두르는 도끼와 함께
나는 싸울 것이다 쇠붙이를 녹이는 대장간의 풀무와

함께

　나는 싸울 것이다 군화를 찢어발기는 푸줏간의 칼과
함께

　그러면 그때 가서는 눈먼 장님의 지팡이도

　미친 개를 패주는 도리깨로 변할 것이며

　굴속에 웅크리고만 살았던 겁쟁이 토끼들도 뛰쳐나와

　눈알을 부라리며 욕심쟁이에게 덤벼들 것이다

　그러면 그때 가서는 산에 들에 풀들도

　고개를 치켜들고 일어나 폭정의 바람에 달겨들 것이며

　길가에서 버림받은 돌멩이들까지도

　솟아오르는 총알이 되어 놈들의 심장에 닿을 것이다

　그러면 그때 가서는 그러면 그때 가서는

　그동안 하늘에서 빛을 잃고 눈이 멀었던 별들도 다
시 눈을 뜨고

　달과 함께 강물에 자유의 문자를 아로새기며

　나와 함께 전진할 것이다

자유를 위한 싸움에는 끝이 없다
빼앗긴 자유를 위한 대지와 인간의 싸움에는
낮과 밤의 휴식이 없다
최후의 압제자가 쓰러질 때까지는

항구에서

이제 항구에는 이별이 없다
이별이 없으니 손수건에 눈물 찍어 우는
슬픈 여인도 없다

그러나 나 어제 군산 앞바다에 가서
울었다
술도 없이 노래도 없이 슬피 울었다
부끄러워서
조선의 해와 달이 부끄러워서
속으로 남몰래 갈대처럼 울었다

"고릴라처럼 덩치 큰 미국 병사에게
다람쥐처럼 작은 우리 누나가 매달려가는 것을 보고
나는 슬펐다"

고 써놓은 제자의 일기장을 훔쳐보고
스승도 슬펐다는 이야기를 듣고 ……

아 이별 하나 있어야겠다 이 슬픈 항구에

뱃고동 소리 짐승의 신음처럼 들리는 선창가 전봇대

에서가 아니라

술취한 마도로스 담뱃불에서가 아니라

기지촌이 있는 미군기지에서 이별 하나 있어야겠다

성조기와

팬덤기와

미사일과

위장된 평화와 자유와

이별 하나 더럽게 있어야겠다

술도 없이 노래도 없이 멀뚱한 눈으로

저들을 보내야겠다 저들을 보내야겠다

이 슬픈 항구에서

혁명은 패배로 끝나고

서른에서 마흔몇 살까지
황금의 내 청춘은 패배와 투옥의 긴 터널이었다
이에 나는 불만이 없다
자본과의 싸움에서 내가 이겨
금방 이겨
혁명의 과일을 따먹으리라고는
꿈에도 생시에도 상상한 적 없었고
살아 남아 다시 고향에 돌아가
어머니와 함께 밥상을 대하리라고는 생각지도 않았다
나 또한 혁명의 길에서
옛 싸움터의 전사들처럼 가게 될 것이라고
그쯤 다짐했던 것이다

혁명은 패배로 끝나고 조직도 파괴되고
나는 지금 이렇게 살아 있다 부끄럽다
제대로 싸우지도 못하고 징역만 잔뜩 살았으니
이것이 나의 불만이다

그러나 아무튼 나는 싸웠다！ 잘 싸웠거나 못 싸웠
거나
승리 아니면 죽음！
양자택일만이 허용되는 해방투쟁의 최전선에서
자유의 적과 싸웠다 압제와
노동의 적과 싸웠다 자본과
펜을 들고 싸웠다 칼을 들고 싸웠다
무기가 될 수 있는 모든 것을 들고 나는 싸웠다

아메리카여
아메리카여 아메리카여

아침 저녁으로 요즘
밥상 앞에 앉아 있노라면
텔레비전을 대하고 앉아 있노라면
후세인은 천하에 죽일 놈 살릴 놈이고
미군은 평화의 십자군
자유세계의 창과 방패이다

이런 일은 어디 이란에서만 그러랴!
탄생 이래 미국은 늘 그런 나라였으니
자유와 평화의 수호자로
남의 나라에 들어가 피를 흘렸으니
사람들은 미국의 얼굴을 보면 우선
비둘기와 자유의 여신상을 떠올린다

그러나 나는 믿지 않는다 아메리카여
세기말 최후의 밤까지
노예무역으로 톡톡히 재미를 본 자유의 나라

인류 최초로 인간의 머리 위에
원폭의 세례를 내린 평화의 나라
그리고 엊그제까지만 해도
리비아에서 파나마에서 그라나다에서
수천의 인명을 살해한 인권의 나라
아메리카여 아메리카여 아메리카여
이 밤의 텔레비전 앞에서 나는 믿지 않는다
그대가 치켜든 자유의 깃발과
하늘 높이 날리는 평화의 비둘기를
나는 믿지 않는다 나는 믿을 수가 없다
사람들이 전쟁과 평화를
가진 나라 가진 자의 눈으로가 아니라
억압받는 계급의 눈으로 볼 수 있을 때까지는
제국주의와 싸우는 식민지의 모든 민중이
그대의 얼굴에서 가면을 벗기고
위선의 평화를 읽을 수 있을 때까지는

자주 민주 행복한 삶을 꿈꾸며
식민지 피압박민족이 제 목소리를 높이면
그곳이 어디건 지구 끝까지 쫓아가
안데스 산맥의 고원까지 쫓아가
아프리카의 황금해안 희망봉까지 쫓아가
아시아의 곡창지대 삼각주 하구까지 쫓아가
침략과 약탈로 거재를 쌓아올린 마천루의 나라
아메리카여 아메리카여 아메리카여

제 4 부

똥누는 폼으로

앉아서 기다리는 자여
앉지도 서지도 못하고
엉거주춤 똥누는 폼으로
새 세상이 오기를 기다리는 자여
아리랑고개에다 물찌똥 싸놓고
쉬파리 오기나 기다리는 자여

세상은 고이 잠들고

세상은 고이 잠들고 적막한데
자지 않고 깨어나 일어나 유령처럼
어둠 속을 배회하는 것이 있다
하나는 그 꼬리에 반딧불처럼
불을 켠 불온의 사상이고
하나는 그 머리에 탐조등처럼
쌍심지를 켠 관헌의 눈이다

잡히지 말아라 불온한 사상아
네 꼬리가 잡히면 어둠이 운다
뜬눈의 봉사 네 어머니가 운다

법 좋아하네

즈그들에게 이로우면
반국가단체도 민족공동체가 되고
우리들에게 이로우면
민족공동체도 반국가단체가 되고

즈그들은 갔다 와서
쥐도 새도 모르게 갔다 와서
들통이라도 나면
통치권의 행사가 되고
우리들이 갔다 와서
떳떳하게 갔다 와서
하늘 아래 밝히면
잠입에다 탈출죄가 되고

즈그들은 무슨 꿍꿍이속이 있어서
그를 주석이라 부르고 그것이 말썽이 나면
외교상의 관례가 되고

우리들이 아무 속셈도 없이
그를 주석이라 부르면
고무에다 찬양에다 동조죄가 되고

이게 법이지요
목에 걸면 그것은
부자들에게는 목걸이가 되고
가난뱅이들에게는 밧줄이 되지요

똥파리와 인간

똥파리에게는 더 많은 똥을
인간에게는 더 많은 돈을
이것이 나의 슬로건이다

똥파리는 똥이 많이 쌓인 곳에 가서
떼지어 붕붕거리며 산다 그곳이 어디건
시궁창이건 오물을 뒤집어쓴 두엄더미건 상관 않고

인간은 돈이 많이 쌓인 곳에 가서
무리지어 웅성거리며 산다 그곳이 어디건
범죄의 소굴이건 아비규환의 생지옥이건 상관 않고

보라고 똥 없이 맑고 깨끗한 데에 가서
이를테면 산골짜기 옹달샘 같은 데라도 가서
아무도 보지 못할 것이다 떼지어 사는 똥파리를

보라고 돈 없이 가난하고 한적한 데에 가서
이를테면 두메산골 외딴 마을 깊은 데라도 가서
아무도 보지 못할 것이다 무리지어 사는 인간을

산 좋고 물 좋아 살기 좋은 내 고장이란 옛말은
새빨간 거짓말이다 똥파리에게나 인간에게나
똥파리에게라면 그런 곳은 잠시 쉬었다가
물찌똥이나 한번 찌익 깔기고 돌아서는 곳이고
인간에게라면 그런 곳은 주말이나 행락철에
먹다 남은 찌꺼기나 여기저기 버리고 돌아서는 곳이다

따지고 보면 인간이란 게 별것 아닌 것이다
똥파리와 별로 다를 게 없는 것이다

도둑의 노래

밤은 이리 깊고
담은 저리 높은데
한번 해볼까 마지막으로 한번만
한번 넘어 부잣집 담 한번만 넘어
어머니에게 아버지에게
밥 한 그릇 고봉으로 해드릴 수만 있다면

달은 저리 밝고
밤새워 야경은 담을 도는데
한번 해볼까 마지막으로 한번만
한번 넘어 부잣집 담 한번만 넘어
우리 누나 순이 누나
술집에서 빼낼 수만 있다면

나 하나 묻혀
담 너머 저 어둠속에 묻혀
우리 부모 생전에 한번

밝게 웃으시게 할 수만 있다면

우리 누나 시집갈 무렵에
박꽃처럼 하얗게
피어나게 할 수만 있다면
피어나게 할 수만 있다면

토 산 품

영덕에 가면 영덕게 없다

영광에 가면 영광굴비 없다

제주에 가면 제주돔 없다

무심한 바다
짠물에 두 눈 씻고 보면
선창가 어물전이나 어부집 처마밑에
영덕게 같은 것
영광굴비 같은 것
제주돔 같은 것
하나둘 없는 것은 아니다
그러나 그것은 십중팔구
어디서 굴러온지 모르는 가짜이거나
팔려가지 못한 병신이기 십상이다

그러면 어디에 있는가 진짜는
서울에 있다 매끈하고 잘생긴 것은 모두
고급요정이나 상류호텔에 있다

사람도 매한가지다
시골에 가면 산에 들에
달덩이 같은 처녀 없다
서울에 다 있다 술집에 호텔에

별유천지비인간

꽃과 과일로 장식한 안주상이 들어오고
술병을 가슴에 품은 밤의 선녀들이
춤추듯 미끄러지며 방으로 들어왔다
그들은 하나같이 분홍치마에 노랑저고리를 입고 있
었다

그들은 들어오기가 무섭게 옷부터 벗기 시작했다
옷고름을 풀고 저고리를 벗고
봉긋하게 솟은 젖가슴의 덮개를 걷어내고
허리께로 손이 가는가 싶더니
치마가 소리도 없이 발목까지 흘러내렸다
그리고 그들 선녀들은 최후의 은신처에서
꽃잎 모양의 삼각천을 떼어내더니
일제히 괴성을 지르며 하늘 높이 내던졌다
그러자 초저녁부터 지상에 내려와
자리를 잡고 앉아 있던 선남들도
일제히 술잔을 치켜들고 부라보를 연호했다

요란스런 초야의 의식이 끝나자 선남선녀들은
술잔과 입술을 주고받고
옛부터 내려오는 음담과 패설을 주고받고
인구에 회자하는 노래를 주고받고 하다가
마지막 의식을 치르기 위해 각자 짝을 지어
밤의 보금자리로 기어들어갔다

그날 밤 나는 취하지 않았다
팔목을 보니 시계는 자정을 넘고 있었다
나는 부랴부랴 바깥세상으로 나왔다
전봇대를 껴안고 질금질금 오줌을 깔기는 사람
바닥에 주저앉아 으악으악 토악질을 하는 사람
질주하는 택시에 대고 고래고래 악을 쓰는 사람
사내들을 붙잡고 섹스를 흥정하는 사람
밤의 서울은 별유천지비인간이었다

흡혈귀 같은 놈

어떻게 보면
농부의 허벅지에 붙은
거머리 같고

어떻게 보면
황소의 뒷다리에 붙은
진드기 같고

어떻게 보면
피둥피둥 살찐 것이
도야지 같고

이놈!
머리 끝에서 발가락 끝까지
사람 같지 않은 놈!
입에 피를 흘리며
세상에 그 탄생을 고하고

약탈과 살인방화의 전쟁으로
만방에 그 힘을 과시하고
사기 도적 협잡 등으로
인간의 머리 위에 군림한
괴물 같은 놈 흡혈귀 같은 놈!

언젠가 어느 날엔가는
농부가 깎은 꼬챙이에 찔려
황소가 차는 뒷발에 채어
머리 끝에서 발가락 끝까지
구멍이라는 구멍에서 피를 토하고
사지를 쭉쭉 뻗으며 뒈져갈 놈!

돼지의 잠

밥을 달라고 그러는지
돼지가 꽥꽥 악을 쓴다
시끄러워 책을 읽다 말고 밖으로 나가
바가지를 찾아 들고 돼지에게로 다가가자
그는 거품을 하얗게 물고 꿍꿍거린다

썩은 감자며 호박씨며
알이 덜 여문 옥수수가 둥둥 떠 있는
구정물을 바가지로 퍼주자
그는 대가리를 처박고 먹기 시작한다
우적우적 수수깡을 깨물랴
꾸룩꾸룩 구정물을 삼키랴
그는 정신없이 바쁘다
젖꼭지를 찾으려고 빽빽거리는
새끼들의 울음마저도 잊은 지 오래다

핏발 선 눈

씩씩대는 코

탐욕스런 입

살진 목덜미

축 처진 배

이제 그는 짧은 다리로는

더 이상 제 무게를 가눌 수 없어서인지

바닥에 몸을 눕히더니

이내 코를 골기 시작한다

행복한 돼지의 잠

이런 잠을 나는 돼지에게서만 본 게 아니다

어느 중산층의 가정에서도 본 적이 있다

공부나 합시다

바깥세상이 시끄러운지라
수학문제를 풀던 선생님이
잠시 분필을 놓으시고
사람 사는 이야기를 하려는데
학생 하나 벌떡 일어나 소리지른다
── 선생님 공부나 합시다 ──

때는 맑고 푸른 가을인지라
영어문제를 풀던 선생님이
잠시 분필을 놓으시고
우리 말 고운 시 하나 읊으려 하자
학생 하나 벌떡 일어나 소리지른다
── 선생님 공부나 합시다 ──

이런 학생 나중에 무엇이 될까
세상 모르고 공부만 하여
남보다 수학 문제 하나 더 빨리 풀어

일등하여 일류대학 들어간들
무엇이 될까 이런 학생 나중에
시집 한 권 아니 읽고 공부만 하여
남보다 영어 단어 하나 더 많이 외어
우등으로 일류대학 들어간들

그런 학생 졸업하고 세상에 나오면
시끄러운 세상에 나와 높은자리에 앉게 되면
말끝마다 입으로 학생은 공부나 하라고 그럴지도 모
르지
데모나 하는 학생들을
참교육 운운하는 선생님들을
잡아조지고
때려조지고
가둬조지는
그런 사람이 될지도 모르고

너는 총각 나는 처녀

밴밴한 얼굴의 계집은
그 처녀를
기생오라비 같은 난봉꾼에게 바치고
그것도 허영에 들떠서 바치고

순진하기 짝이 없는 사내는
그 총각을
서울역이나 청량리 근처 어디 갈보한테 바치고
그것도 무릎까지 꿇어가면서 바치고

모년 모월 모시 모처에서 그들은
나는 총각 너는 처녀 선남선녀로 만났다네
모년 모월 모시 모처에서 그들은
신랑신부가 되어 주례 앞에 섰다네
그랬다네

모가지여 모가지여 모가지여

바르게 걷는 자를
가장 빠르게 가장 쉽게 가려내기 위해
무슨 좋은 수가 없을까

마침내 국왕은 중신회의 끝에
신통한 수를 하나 얻게 되었으니
바로 걷는 자를 색출하기 위해
모든 사람을 거꾸로 걷게 하는 법령을 내렸다
그리하여 포도청은 나라 곳곳에 검문소를 설치하고
만백성이 밀고자가 되기를 요구했다
바로 걷는 자를 보고도 모른 체하거나
제 집에 숨겨준 자가 있으면 그도 역적으로 몰아
바로 걷는 자와 함께 까막소에 넣었다
바로 걷는 자의 가족 중 관직에 있는 자는 쫓아냈고
그 자손들은 영원히 공직에 오르지 못하게 했다
그 당시에도 오늘날과 같은 사법제도가 있었는바
판사는 검사의 사돈지간이었고

검사는 판사의 사돈지간이었다

그 무렵에 성이 어(魚)가이고 이름이 무적(無跡)이
란 자가 있었다
성 그대로 이름 그대로 그는 바르게 걷거나 거꾸로
걷거나
물고기처럼 뒤에 자취를 남기지 않는 신출귀몰한 재
주를 가졌으니
그는 그 재주를 믿고 할 소리 못할 소리 죄다 하고
다녔다
그 소리들 중에서 한두 개를 골라잡아 여기에 적어
보자면 다음과 같다

그놈이 그놈이고 그놈이 그놈이여
정가가 최가이고 최가가 이가이고 이가가 경가이고
성과 이름만 바꿔치기했단 말이여
아니 무신정권 수십 년에 날강도 아닌 놈이 있었던가

사기꾼 협잡꾼 정상모리배 아닌 놈이 있었던가

왕궁이란 게 원래 음모의 토굴이라는 것은 세상이
다 아는 일이고

관가에 들락날락하는 놈치고 쥐새끼 아닌 놈이 없는
법이여

보라고 저 쥐새끼들의 피묻은 주둥아리를

그 주둥아리가 물고 있는 나락모가지를 그것은 다름
아니고

우리 백성들이 불볕에 땀흘려 키워놓은 바로 그 나
락모가지나니

오 모가지여 모가지여 피묻은 나락모가지여

그 모가지 언젠가 어느 날엔가는 왕의 모가지를 감
을 밧줄이여

제 5 부

산에 들에 봄이 오고

누가 와서 물었네 지나가는 말로
그는 지금 어디에 있느냐고
나는 대답했네 거기에 갔다고

누가 와서 물었네 거기가 어디냐고
나는 대답했네 담 너머 하얀 집을 가리키며
자유가 묶여 발버둥치는 곳이라고

산에 들에 봄이 오고
누가 와서 물었네 지나가는 말로
그는 이번에 나오지 않았느냐고
나는 대답했네 무덤 하나를 가리키며
그는 지금 저기에 있다고

세   월

압제와의 싸움에서 나는 지고
이곳에 내가 갇힌 지 9년의 세월이 흘렀습니다
9년이란 세월 그것은
지구가 태양의 둘레를 아홉 바퀴 돌고
달이 지구의 둘레를 백여덟 바퀴를 도는 행로라 합
니다
나는 그동안 9년 동안
동산에서 해가 뜨는 것을 보지 못했습니다
서산 너머로 달이 지는 것을 보지 못했습니다
나는 자연으로부터도 버림받았으니
별 하나 내 머리 위에서 빛나지 않습니다

자본의 세계에서 쫓겨나
이곳에 내가 갇히고 9년의 세월이 흘렀습니다
9년이란 세월 그것은
신랑이 신부를 맞아 신방을 꾸미고
결혼 십 주년을 바라보는 해와 달입니다

새로 태어난 아기가 나무처럼 자라서 재롱을 피우고
아침 저녁으로 징검다리 건너 학교에 갔다올 나이입
니다
나는 어제 보았습니다 거울 앞에서 반백이 된 내 머
리를
그리고 돌아서서 나는 그려보았습니다 먼 산을 바라
보며
6년 후의 내 모습과 마흔다섯 살이 될 한 여인의 얼
굴을

취침 나팔 소리가 들리고 밤이 깊어갑니다
이제 내 귀는 가까워졌다 멀어져가는
간수의 발자국 소리밖에 듣지 못합니다
이제 내 눈은 벽과 천장과 이따금 감시통으로 나를
엿보는
간수의 눈밖에 보지 못합니다
나는 보고 싶습니다 이 밤에

잠자리를 펴는 여인의 허리를
나는 듣고 싶습니다 이 밤에
아기를 잠재우는 어머니의 자장가를
나는 보고 싶습니다 아침에 일어나
행주치마 허리에 두르고 밥상을 차리는 주부의 모습을
나는 듣고 싶습니다 잠자리에서
늦잠꾸러기 남편에게 바가지를 긁는 마누라의 잔소
리를
나는 보고 싶습니다 먼 훗날
바람에 날려 대지에 씨를 뿌리는 농부와 그 뒤를 따
라오면서
흙으로 씨를 덮는 농부의 아내를

먼 훗날 사내가 다시 동에서 뜨는 해를 보고
서으로 지는 달을 보게 될 그런 날

다시 그 방에 와서

제대로 팔다리를 뻗을 수 없는
0.7평짜리 이 방이
7년 전에 내가 1심에서
징역 2년을 받고 앉아 있을 때는
한 삼 년 도나 닦고 나갔으면 좋겠다 싶은
절간의 선방 같다고 생각했는데

펜도 없고 종이도 없고
책이라고는 달랑 예수쟁이들이 기증한
성경밖에 없었던 이 방이
그후 서너 달 지나고 2심에서
집행유예를 받고 누워 있을 때는
하룻밤 느긋하게 묵고 가고 싶은
나그네의 역려 같다고 생각했는데

서른 넘은 나이로
15년 징역보따리를 들쳐메고

다시 와 이 방에 앉아 생각해보니
이제는 무덤이구나 !
생사람 죽어 살아야 하는

봄날에 철창에 기대어

봄이면 장다리밭에
흰나비 노랑나비 하늘하늘 날고
가을이면 섬돌에
귀뚜라미 우는 곳
어머니 나는 찾아갈 수 있어요
몸에서 이 손발에서 사슬 풀리면
눈을 감고도 찾아갈 수 있어요 우리집

그래요 어머니
귀가 밝아 늘상
사립문 미는 소리에도 가슴이 철렁 내려앉고
목소리를 듣고서야 자식인 줄 알고
문을 열어주시고는 했던 어머니
사슬만 풀리면 이 몸에서 풀리기만 하면
한달음에 당도할 수 있어요 우리집

장성 갈재를 넘어 영산강을 건너고

구름도 쉬어 넘는다는 영암이라 월출산 천왕 제일봉도
나비처럼 훨훨 날아 찾아갈 수 있어요
조그만 들창으로 온 하늘이 다 내다뵈는 우리집

김병권 선생님

영문도 모르는 사건에 연루되어

고문도 받고 재판도 받고 징역도 한 오 년 받아 겨
울이면

동태처럼 언 몸을 마른수건으로 녹이면서 징역살이
하다가

만기 차서 담 밖으로 나와서 한두 해 집에 가서

아무도 모르게 불시에 찾아오는 형사들만 알게 살다가

그렇게 살면서 읽을 만한 책이 없어 마르크스를 읽
다가

그게 들켜 그게 죄가 되어 그것도 역적죄가 되어

고문도 받고 재판도 받고 징역도 한 삼 년 받고 징
역살다가

전향하라 전향하라 전향하라……

비녀꽂이 주리틀기 물먹이기 몽둥이찜질하기……

밥 먹듯이 매를 맞으며 살다가 그러는 사이에

사회안전법인가 뭔가가 생겨 만기 채우고도 집에 가
지 못하고

집에 가서 그동안 삼 년 동안 자란 손주 한번 안아
보지 못하고
쇠고랑 차고 오랏줄에 묶여 압송차에 실려 감호소에
가서 살다가
그렇게 살다가 또 밖에서 무슨 사건이 터져 거기에
연루되어
고문도 받고 재판도 받고 이번에는 징역보따리도 큼
직하게 받아
15년짜리 보따리를 어깨 무겁게 짊어지고
이 감옥 저 감옥 전전하면서 살다가

이제 흰머리에 검은 머리 하나 없이 징역살이하시는
선생님
내일은 며늘아기가 손주놈 데리고 면회 온다 했다며
푸른 옷도 깨끗하게 빨아 입으시고
거칠거칠한 수염도 단정하게 다듬으시고
구매 시간 기다려 과자도 서너 봉지 사서 감방 아랫

목에 묻어 두고

　손주 볼 생각에 잠 못 이루시는 선생님 김병권 선생님

사람이 살고 있었네

이북 사람하고 우리하고 싸우면
우리가 판판이 이기겠습디다

이 말은
서해바다 먼 바다 연평도에서 조기잡이하다가
납북되어 한 일 년 이북에 억류되어 살다가
대한민국 알뜰하고 살뜰한 그 자유의 품으로 돌아와
처자식 보고 싶은 남해바다 섬마을에는 살지 못하고
전라도라 어디 열 길 담장 너머에서
한 십 년 만기로 징역살이하고 있는
어느 늙은 어부의 이야기입니다

이 말을 듣고 나는 얼마나 안심했는지 모릅니다
이북 사람하고 우리하고 싸우면
우리가 판판이 이기겠습디다 하며
천진난만하게 웃고 있는 아이 같은 늙은 어부의 말
을 듣고

그러나 나는 말하지 않겠습니다

안심의 깊이와 그 내력을

영악하기가 백 년 묵은 여우쯤으로 되어야

남한테 아니 홀리고 제것이나마 챙길 수 있다는 당
신 앞에서는

뻔뻔스럽기는 천 년 묵은 잔나비 같고 그 똥구녁 같고

사나웁기는 들짐승 발톱을 닮아야 그래야

제것 남에게 아니 뺏기고 밥이라도 한 술 배차게 먹
을 수 있다는 당신 앞에서는

삶의 터전이 흡사 전쟁터와도 같아

한 나라의 대통령이란 자가 제 국민을 상대로 전쟁
을 선포하고

이북을 경쟁과 대결의 대상이 아니라

화해하고 협력하는 민족공동체라 선언해놓고

누가 있어 이북 사람 사는 모양을 한마디라도 좋게
말하면

그것을 이적행위로 단죄하고 잡아가두는 당신 나라

의 법률 앞에서는

* '사람이 살고 있었네'는 『창작과비평』 1989년 겨울호에 실린 황석영의 글 제목이다.

마지막 인사

오늘밤 아니면 내일
내일밤 아니면 모레
넘어갈 것 같네 감옥으로

증오했기 때문이라네
재산과 권력을 독점하고 있는 자들을
사랑했기 때문이라네
노동의 대지와 피곤한 농부의 잠자리를

한마디 남기고 싶네 떠나는 마당에서
어쩌면 이 밤이 이승에서 하는
마지막 인사가 될지도 모르니
유언이라 해도 무방하겠네

역사의 변혁에서 최고의 덕목은 열정이네
그러나 그것만으로 다 된 것은 아니네 지혜가 있어
야 하네

지혜와 열정의 통일 이것이 승리의 별자리를 점지해
준다네
  한마디 더 하고 싶네 적을 공격하기에 앞서
  반격을 예상하고 그에 대한 만반의 준비가 되어 있
지 않으면
  공격을 삼가게 패배에서 맛본 피의 교훈이네

  잘 있게 친구
  그대 손에 그대 가슴에
  나의 칼 나의 피를 남겨두고 가네
  남조선민족해방전선만세 !

엉뚱한 녀석

나를 보고 싶어 일부러
감옥에 오겠다는 녀석이 있다 한다

나의 어디를 보겠다는 것일까 그 엉뚱한 녀석은
판판이 지기만 했던 그날그날의 내 싸움들
남은 것은 이제 철창에서 타오르는
증오의 뼈밖에는 없는데 그것으로
사랑의 무기라도 깎아보겠다는 것일까
그 무기로 내 대신 압제자의 등에 꽂혀
자유의 원수라도 갚아주겠다는 것일까

무엇을 보여줄까 오늘이라도 당장 그 엉뚱한 녀석이
부러진 날개의 새 내 앞에라도 나타난다면
없다 나에게는 자랑스럽게 보여줄 아무것도 없다
지하실의 고문 때문에 구부러진 내 엄지손가락말고는
나이 사십에 온통 하얗게 시들어버린 내 머리카락
말고는

나는 나의 패배와 그 흔적을 보여주고 싶지 않다
그 누구에게도

안　　부

헐벗은 나뭇가지에 눈보라가 치고
삭풍이 철창에서 우는 곳
그곳에 겨울이 다가옵니다
봄 여름 가을 없이
한줄기 햇살도 스며들지 못하는
그곳에 겨울이 다가오면
북풍한설을 막아보겠다고 당신은
비닐판으로 철창을 가리고
종이 부스러기를 긁어모아 문틈이며 마루틈이며
틈이란 틈을 죄다 막겠지요
그리고 화로도 없고 인정도 없는 그곳에서
영하 십도 이십도의 추위를 이겨보겠다고
가슴에 미지근한 식수통을 껴안고
새우처럼 등을 구부리고 오지 않는 잠을 청하느라
이리 뒤척 저리 뒤척 밤을 새울지도 모르고요

부디 건강하세요

142

사슬 풀려 자유의 몸이 될 때까지

당신이 겪은 고난은 무익하게 끝나지 않을 것입니다

자연과 마찬가지로 인간의 겨울에도 끝이 있는 법이

니까요

철창에 기대어

잡아보라고
손목 한번 주지 않던 사람이
그 손으로 편지를 써서 보냈다오
옥바라지를 해주고 싶어요 허락해주세요

이리 꼬시고 저리 꼬시고
별의별 수작을 다해도
입술 한번 주지 않던 사람이
그 입으로 속삭였다오 면회장에 와서
기다리겠어요 건강을 소홀히 하지 마세요

15년 징역살이를 다하고 나면
내 나이 마흔아홉 살
이런 사람 기다려 무엇에 쓰겠다는 것일까
5년 살고 벌써
반백이 다된 머리를 철창에 기대고
사내는 후회하고 있다오
어쩌자고 여자 부탁 선뜻 받아들였던고

144

사랑의 얼굴

푸른 옷의 사내는
철창에 기대 담 쪽을 내다보며
이제나 올까 저제나 올까
면회 오겠다던 님을 기다리고
목이 빠지게 기다리고

면사포도 없이
양친 부모 승낙도 없이
혼자서 결혼한 여자는
면회가 되면
혹시라도 특별면회라도 되면
간수 몰래 남편 될 사람
손등이라도 한번 어루만질 수 있을까
담 곁에서 애를 태우고

그러나 어쩌랴 이것도
분단과 식민지의 밤이 빚어낸
사랑의 한 얼굴인 것을

단   식

1

똑 똑 똑
벽을 세 번 두드려
'ㄷ'을 쓰고
찍
벽을 한 번 그어서 그 옆에
'ㅏ'를 붙이고
똑 똑
다시 벽을 두 번 두드려 그 밑에
'ㄴ'을 달면
'단'자가 된다

이렇게 해서 우리는
벽을 두드리고 그어서
방에서 방으로 동지들에게 전한다
단식의 '단'자와 '식'자를 전하고

투쟁의 '투'자와 '쟁'자를 전한다

2

징역 초기에 우리는
단식을 밥 먹듯이 했다
가다밥의 크기가
3등에서 4등으로 작아졌다고 그랬고
가다밥에 박힌 콩알이
50개에서 마흔 몇 개로 줄었다고 그랬고
운동시간 5분을 늘리느라 그랬고
미역국에 시래기 대신 담배꽁초가 떴다고 그랬다

3

오늘 아침 우리는
단식에 들어갔다

일주일에 한번씩 나오는
엄지발가락만한 돼지고기가 안 나왔기 때문이다
하루 굶고 이틀 굶고
한 고비 사흘을 넘기고
감옥에 다시 밤이 왔다
"반항하는 놈은 짓이겨버려"
"버러지만도 못한 빨갱이새끼들"
"주는 밥이나 얌전히 처먹지"
이런저런 토막소리 사동 입구께서 와자지껄하고
이내 콘크리트 복도에서 내달리고 엇갈리는 군홧발
소리
앞방에서 옆방으로 철문 따는 소리
손목에 쇠고랑 채우는 소리
끌려가며 내지르는 비명소리

단식은 계속되었다
끌려가더니 어떤 동지는

도마 위에 쪼아놓은 닭발이 되어 기어왔다

단식은 계속되었다

끌려가더니 어떤 동지는

온몸에 찬물을 뒤집어쓰고 부들부들 떨며 들어왔다

단식은 계속되었다

끌려가더니 어떤 동지는 돌아와서

징역보따리를 챙겨메고 사동을 떠났다

여러분과 끝까지 싸우지 못해 부끄럽다며 인사하고

물 한 모금 입에 안 넣고

일주일을 넘기고 열흘을 참으면서

나는 나의 비참을 모조리 겪었다

싸우다가 죽는 것은 아무것도 아니었다

차라리 죽고 싶었다 죽어야 했다

그런데 나는

폭력의 중압에 허리를 굽혔고

개같은 감옥의 죽음 앞에서 무릎을 꿇었던 것이다

지혜와 열정의 통일

김 윤 태

  70년대말~80년대초 대학에 다녔던 필자의 문학수업은 강의실에서보다 판금된 시인들의 시집들을 통해 더 많이 이루어졌다. 그나마 그것들은 여러 사람들의 손을 거치는 동안 해어져 낡고 희미한 복사물인 경우가 흔했다. 당시 학생들을 사로잡았던 시집은 단연 김지하의 『황토』나 『오적』, 신동엽의 『금강』 등이었다. 그 밖에 김수영·신경림·조태일·양성우·정희성 등과 『반시』의 시인들이 우리의 훌륭한 문학교사였다.

  필자가 김남주의 시를 대한 것은 이 무렵이었는데, 그 때는 그저 건성으로 대했고 겨우 그를 기억할 수 있었던 것은 79년 가을 남민전 사건을 접하고부터였다. 그 무렵 필자도 유인물 배포사건으로 구속되어 있었고, 공교롭게도 남민전 사건이 터진 것과 비슷한 시기여서 취조과정에서 그 관련 여부를 추궁받은 바 있다. 당시 우리에게 흥미를 끈 것은 모재벌의 회장집을 넘어들어간 그의 강도행위 정도였고, 우리는 그것을 의적행위 정도쯤으로 간단히 생각해버렸다. 그만큼 우리는 남민전의 위상과 의미를 제대로 알아차리지 못하였고, 또 당시의 객관적인 여건이 그럴만한 분위기도 못되었다. 학생운동은 이념적으로나 실천적으로나 올바른 과학적 인식에까지 이르지 못한 채로 그저 낭만성의 차원에 머물러 있었다. 말하자면 기껏 민중주의의 테두리를 맴돌고 있었을 뿐이었다. 그리고 80년 서울의 봄, 광주항쟁, 5공 치하의 숨막히는 상황을 거치는 동안 필자는 새로이 등장한 『시와 경제』 등의 동인들이나 박노해 등의 노동문학에 관심을 두는 한편, 제도권 교육에서 더 많은 문학수업을 쌓아가고 있었다.

김남주 시가 필자에게 강하게 각인된 것은 그후 「학살」 연작과 같은 시들이 발표되고 반미의 노래들이 공공연하게 불려지던 무렵이었다. 80년의 광주항쟁은 변혁운동에서 새롭고 더 높고 엄정한 논리의 확보를 우리에게 요구하였고, 아울러 그러한 모색과 실천이 제각기 이루어지고 있었다. 당시 필자는 누구나 그러했듯 함께하지 못해 부끄러웠던 '광주'에 대한 죄책감과 부채의식을 가지고 있으면서도, 한편 현실의 제도적 틀 속에 안주해버리고 말지도 모를 지경에서 현상유지에 급급하고 있었던 형편이었다. 그러면서도 무언가 목말라하였고 노동문학에 대한 관심을 통해 다소간 갈증을 해소하려고 애썼다. 이즈음에 접하게 된 김남주의 문학은 하나의 신선한 충격이었다. 그는 올바른 과학적 인식을 통해 우리 사회의 변혁적 과제와 이념을 정확히 파악하였으며, 또 그것을 예술적으로 선취하여 누구보다도 먼저 현실을 향해 가열찬 육성으로 예리하고 강렬하게 노래하였던 것이다. 이제 그의 시적 주제들은 우리 시대의 보편적인 주제가 되었다. 그런 점에서 김남주는 철저히 80년대적이다. 필자가 대학생이었던 당시 우리의 정신적인 지주가 김지하였다고 한다면, 80년대에 학생·청년들의 문학적 우상은 바로 그가 아닐까 싶다.

김남주의 시는 우리를 통렬한 곳으로 인도한다. 그러면서도 어떤 만만찮은 고통을 또한 안겨준다. 그의 시는 시원스럽고 쉽게 읽히지만, 그 속에 담긴 언어들은 하나도 남김없이 우리를 향해 화살이 되어 날아와서는 결단과 행동을 요구하고 있다. 그래서 그의 시 읽기는 즐거우면서도 한편 여간 힘들지 않다. 그러나 그것이 어찌 그의 탓이랴. 우리 시대의 강파른 현실을 온전히 견뎌내고 질곡과 맞서 싸워가려는 사람들이라면 누구나 더불어 떠나야 할 어쩌면 행복한 여정이자 또 함께 짊어져야 할 무거운 짐이 아니던가.

새삼스럽게 김남주 시에서 현실과의 정면대결이라는 그의 치열한 시정신을 말할 필요는 없으리라. 그것은 이미 많은 사람들이 누누이 강조해왔던 바이기에 여기에 덧보태는 일은 더이상 의미있는 일이 못될 것이기 때문이다. 다만 그것을 확인하는 정도에서 멈추자. 그는 스스로 전사(戰士)임을 천명한다. 사회변혁운동의 한복판에서 그것의 과제와 이념을 실천적 행동을 통해 그야말로 '온몸을 온몸으로 밀고 나간' 시대의 선지자이다. 동시에 그는 '혁명시인'이라고 자신을 규정한다. 그는 스스로 말하기를 "나는 우선 혁명하는 사람이다. 그리고 나의 시는 내가 수행하는 혁명적 실천의 자연스런 산물로서 그것은 다시 혁명에 이바지할 것이다."(「시와 변혁운동」, 『오늘의 시』2

호, 현암사)라고 하였다. 즉 그는 혁명과 시의 통일을 혁명적 실천행위를 통해 이루어내고자 하였다.

이러한 그의 문학적 실천을 밑받침하고 있는 것은 서구의 혁명시인들이다. 그가 사사한 문학자는 브레히트, 하이네, 네루다, 루이 아라공, 마야코프스끼 등이거나 아프리카의 프란츠 파농, 세꾸 뚜레 등이다. 그는 그의 글 여기저기서 그들을 소개하거나 번역해냈고, 그들의 입론을 자기화해가면서 자신의 특유한 시론으로 정착시켰다. 그런 점에서 그의 시는 어쩌면 상당부분 서구의 진보적 지식인이나 제 3 세계 지식인에게서 힘입고 있다고 하겠다.

그러나 필자는 그의 시에서 우리 민족문학사의 혁명적이고 진보적인 전통을 읽는다. 즉 그의 시가 우리 문학사적 전통 위에서 빼어난 점은 1980년대라는 새로운 한 시대를 대표하면서도 동시에 고난에 찬 우리 역사로부터 민중적·민족적 전통을 올곧게 이어받고 있다는 것이다. 물론 시인 자신도 그 점을 간과하고 있지 않다. 그 역시 한용운, 이상화, 심훈, 이육사, 윤동주 등 식민지 시대의 진보적이고 양심적인 시인들의 유산을 소중한 것으로 간직하면서 그것을 물려받고 있다고 생각된다. 그러나 무엇보다 필자는 그의 시에서 유진오(俞鎭五)를 발견한다. 김남주에게서 40여 년 전 혼미한 해방정국의 소용돌이 속에서 새 조국 건설에 온몸을 던져 산화해간 '전위시인' 유진오를 발견하는 것은 그러니까 우리 민족사의 비극이자 경이라 할 만하다.

'전위시인' 유진오는 1946년 9월 1일 국제청년데이 기념식장에서 낭독한 시 「누구를 위한 벅차는 우리의 젊음이냐?」로 말미암아 미군정청에 의해 투옥되고 1947년 5월

석방된 후에도 문화공작대 활동 등에 적극적으로 참여하였으며, 1949년초에는 마침내 빨치산 문화공작대의 일원으로 지리산에 파견되었다가 체포, 사형 언도를 받고 복역 중 감형되었으나 6·25전쟁의 발발과 함께 형장의 이슬로 사라진 불꽃 같은 생애를 산 시인이었다. 이같은 유진오의 혁명적 실천과 문학활동으로부터 김남주를 연결시켜 생각하는 것은 김남주의 투쟁과 문학적 실천을 고려할 때 그다지 터무니없는 일만은 아닐 것이다. 다음에 인용한 유진오의 언술을 김남주에게 견주어보면 그들의 생애만큼이나 서로 흡사함을 알 수 있다.

> 시인이 되기는 바쁘지 않다. 먼저 철저한 민주주의자가 되어야겠다. 시는 그 다음에 써도 충분하다. 시인은 누구보다도 먼저 진정한 민중의 소리를 전하는 사람이어야 할 것이다. 투철한 민주주의자가 된다는 것은 인민을 위한 전사가 되는 것이다. 나의 시다운 시는 금후의 과제이다.
> —— 유진오, 「跋」, 시집 『窓』(정음사 1948)에서

혁명투쟁과 시의 통일, 이것은 이 두 시인에게 절대 명제이다. 해방전사로서의 역할과 시인의 역할이 서로 분리될 수 없는 것임을 그들은 '온몸으로' 보여준 것이다. 그들은 일제로부터의 해방 직후 다시 미제의 식민지로 전락해가는 조국의 비참한 운명 앞에서, 또 이미 식민지가 되어 나날이 신음하는 민중의 현실 속에서 압제의 무리와 맞서 싸우며 자주독립, 민족해방, 통일된 민중의 나라 건설을 갈구하였다.

이 시집에서도 일부, 특히 3, 4부에 실린 시편들이 대개 이런 주제의식을 보여주고 있다. 죽음마저 불사하며 역사의 작은 등불이 되고자 한 「돌멩이 하나」「혁명은 패배로 끝나고」나 그것을 함께 결의했던 동지의 죽음을 애도하며 다시 투쟁의 의지를 다지는 「잣나무 한 그루」, 진정한 해방을 위한 민중의 정신자세를 말한 「노예라고 다 노예인 것은 아니다」, 참된 자유란 쟁취하는 것임을 노래한 잠언적인 시 「자유에 대하여」, '조국은 하나다'를 외치며 통일을 위해 싸우는 민중의 열망을 노래한 「남과 북이 패를 갈라」, 계급적 삶의 선명한 대비를 통해 민중의 각성을 외치는 「굴레」, 대기론자들을 풍자한 짧은 시 「똥 누는 폼으로」, 퇴폐한 중산층의 삶을 조소하고 풍자한 「똥파리와 인간」「별유천지비인간」「흡혈귀 같은 놈」「돼지의 잠」, 반미의식을 담고 있는 「동두천에서」「항구에서」「아메리카여 아메리카여 아메리카여」, 압제자들의 자의적인 법 적용을 비판함으로써 계급사회의 모순을 폭로한 「법 좋아하네」 등의 시들이 바로 그러하다.

이러한 김남주 시의 특징은 널리 알려진 대로 촌철살인의 풍자에 있다. 대비와 역설(逆說), 반전(反轉)을 통한 풍자가 종종 시적 표현방식으로 사용되고 있는 것이다. 가령 「모가지여 모가지여 모가지여」 같은 시에서

관가에 들락날락하는 놈치고 쥐새끼 아닌 놈이 없는 법이여
보라고 저 쥐새끼들의 피묻은 주둥아리를
그 주둥아리가 물고 있는 나락모가지를 그것은 다름 아니고

우리 백성들이 불볕에 땀흘려 키워놓은 바로 그 나락
모가지나니
오 모가지여 모가지여 피묻은 모가지여
그 모가지 언젠가 어느 날엔가는 왕의 모가지를 감을
밧줄이여

라고 함으로써, 민중의 고혈을 짜내 그것을 자신의 물질
적 기반으로 삼고 있는 압제자 무리는 바로 그것 때문에
민중에 의해 파멸당하고 말 것임을 반전을 통해 예고하고
있다. 단두대를 고안해냈던 자가 결국은 단두대 위에서
죽어갔듯이, 역설적 반전은 이처럼 부메랑 같은 것이다.
사실 이것은 시적 기법의 차원에서만 존재하는 것이 아니
라 우리의 현실이 증명하는 바 '역설의 역사, 반전의 역
사'가 될 것이다. 김남주에게서도 시적 리얼리즘의 광채는
바로 이 지점에서 더욱 빛난다.
　그의 리얼리즘은 근본적으로 시적 진실성에 있다. 과학
적 현실인식과 투철한 투쟁정신의 결합 위에서 현실 모순
의 본질을 정확히 포착, 폭로해내고 대중의 진보적이고
전투적인 정서를 고양시키는 것, 그리고 그것을 대중의
언어로 올바로 진실되게 형상화시켜내는 것, 거기에 김남
주 시의 리얼리즘이 갖는 진정한 의미가 담겨져 있는 것
이다. 그는 현실에 대한 유물론적 파악에 기초하여 개별
적이고 구체적인 현실의 대상들을 직설적으로 제시함으로
써 시적 보편성으로 끌어올리지만, 투쟁과 변혁을 향한
주관적 열망을 노래하는 경우에조차도 현실의 엄정한 객
관성과 과학적 인식 위에 정초시킨다.
　그런데 이전에 옥중에서 씌어졌던 대부분의 시들이 늘

날카로운 의식과 혁명적 투쟁정신을 단호하고 선명하게 노래하였던 데 비해, 이 시집에서는 김남주 특유의 '촌철살인'의 미학, 투쟁의 미학이 상당히 누그러져 있다는 느낌을 갖게 한다. "낫 놓고 ㄱ자도 모른다고/주인이 종을 깔보자/종이 주인의 모가지를 베어버리더라/바로 그 낫으로"(「낫」)와 같은 시에서 보인 그 예리함과 단순명쾌함이 사라지고 긴장감을 잃은 채 시의 호흡이 늘어지고 목청이 가라앉은 양상을 띤다. 아마도 그것은 이 시집의 시들이 대개 출옥 후에 씌어진 작품들이라는 사실과 관련이 있을 성싶다. 옥중에서는 적대자와의 대결의식이나 상황적 긴장감이 언제나 함께하고 있었지만, 출옥 후에는 긴장감이 아무래도 약해질 수밖에 없었던 데 원인이 있지 않을까. 사실 바깥세상의 삶이란 얼마나 복잡다단한 것인가. 일상 속에는 다양한 형태와 리듬의 삶이 뒤섞여 있는 것이고, 거기서 부딪치는 문제 또한 그리 단순명쾌한 것도 아닌 것이다. 게다가 오랜 영어생활이 일상의 다기한 삶에 적응해가는 것을 방해하는 측면도 있을 터이다.

「내 나이 벌써」「악몽」「나그네」「아버지의 무덤을 찾아서」「길」「절망의 끝」 등의 시가 출옥 후에 다가온 긴장의 상실과 함께 회한과 고뇌를 여실히 보여준다. 예전에는 「길」이라는 시에서 "길은 내 앞에 놓여 있다/나는 안다, 이 길을… 가자 이 길을 가고 오지 말자… 해방의 이 길을"이라고 분명히 자신의 '길'을 노래했으나, 이 시집에 실린 동명의 시에서는 "감옥이 열리고/길도 따라 내 앞에 열려 있다/세 갈래 네 갈래로//어느 길로 들어설 것인가/불혹의 나이에"라고 하면서 농사나 지을까 시나 쓸까 갈등하며 세상이 자신을 좋을 대로 버려두지 않

고 자신에게 더 강하고 높은 목소리를 요구하는 것을 부
담스러워 하고 있다. 강형철의 지적처럼 그것은 과연 동
요하고 있는 시인 자신의 모습이거나 그것에 대한 변명,
아니면 그 동요와 모색이라는 이중성을 띠고 있는 것일지
도 모른다(『실천문학』, 1991년 여름호).

> 그러자 그러자 잠시
> 찬바람 이는 언덕에서 내려와
> 찔레꽃 하얗게 아롱지는 강물에
> 내 심장 깊이깊이 담그고 거기
> 피묻은 자국이라도 있으면 그것마저 씻어내고
> 내 마음의 거울 손바닥만한 하늘이라도 닦자
> 맑게맑게 닦아 그 자리에
> 무엇 하나 또렷하게 새겨넣자
> 이를테면 별처럼 아득한 것
> 절망의 끝이라든가
> 내가 아끼는 사람 이름 석 자 같은 것이라든가
> ──「절망의 끝」부분

그러나 그 회한과 고뇌가 막연하고 덧없는 것으로 그쳐
버린 것은 아닌 듯하다. 이 시에서 "별처럼 아득한 것"과
같이 예전의 김남주답지 않다고 느껴질 모호한 구절이 없
지는 않지만, 어떤 면에서는 투쟁의 한복판에서 늘 긴장
하여 지내다 보면 놓치기 쉬운 자아성찰의 계기를 모처럼
얻은 것이 아닐까. 모색이란 동요하고 있는 것을 냉정히
인정하고 반성하는 과정에서 그 진정함을 얻는 것이 아닌
가.

이는 그가 시를 어떻게 파악하고 있는가 하는 점의 변화와 관련된다고 보인다. 그는 시를 투쟁을 위한 무기로만 파악하던 이전과는 달리, 시가 생활에 근거한 것임을 새롭게 인식한다. 즉 "시의 내용은 생활의 내용 내 시에는／흙과 노동이 빚어낸 생활의 얼굴이 없다… 내 시의 기반은 대지다／그 위를 찍어내리는 곡괭이와 삽의 노동이고／노동의 열매를 지키기 위한 피투성이의 싸움이다／대지 노동 투쟁—／생활의 이 기반에서 내가 발을 떼면／내 시는 깃털 하나 들어올리지 못한다"(「다시 시에 대하여」). 그러나 시에 생활의 얼굴이 깃들어야 한다고 하였지만, 실제로 아직 그의 시에는 이전에나 지금에나 구체적인 생활의 냄새와 숨결이 느껴지지 않는다.

생활과 이념의 상호침투, 그 통일을 어떻게 그는 이루어낼 것인가. 이것은 그 스스로가 우리 앞에 던져놓은 자신의 숙제이자 앞으로의 방향이 아닐까. 생활의 냄새, 즉 인간들의 미세한 감정의 기미까지 따뜻하면서도 날카롭게 포착해내길 우리는 바란다. 그리고 또한 달라진 시대상황의 온갖 변수들에 대해 더 철저히 고민하면서 투쟁의 노래마저도 여전히 유효하게끔 더 새롭고 더 높은 성취를 마련해갈 것이라고 믿는다. 이것이 진정한 전사의 모습이리라. 적어도 그의 시가 앞으로 향할 방향은 이 시집의 표제이기도 한 「사상의 거처」에서 찾아볼 수 있지 않을까. 천 갈래 만 갈래로 갈라진 길 위에서 갈등하는 그가 노동자 집회장에서 올바른 사상의 거처를 확신케 되는 내용을 담은 이 시는 노동자계급의 사상에 인도되어야 하는 원론적 확인을 보여준다. 그러나 그것이 현실에서 어떻게 관철되고 풍부해질 것인가는 '지혜와 열정의 통일'을 구체

화시키는 데에서 가능할 것이다. 마지막으로 남민전 동지들에게 그가 바친 옥중시의 일부를 인용하면서 그것을 진정 그에게 기대해본다.

　역사의 변혁에서 최고의 덕목은 열정이네
　그러나 그것만으로 다 된 것은 아니네 지혜가 있어야
하네
　지혜와 열정의 통일 이것이 승리의 별자리를 점지해
준다네

　　　　　　　　　　　──「마지막 인사」부분

후   기

내일 모레 시집이 나올 모양인데 할말도 생각나지 않고 어떤 감회도 떠오르지 않는다. 왜 그럴까 하고 눈을 감고 그 까닭을 헤아려보지만 실마리 하나 잡히지 않는다. 지난 3년 동안의 내 삶이 갈피를 잡을 수 없어 헝클어진 실꾸러미처럼 어지러울 뿐이다.

사실 나는 최근 3년 동안 담 밖의 현실에서 하는 일이 없었다. 그러니 내가 쓴 시가 내 마음에 들 리가 없을 뿐만 아니라 독자의 가슴에 닿을 턱이 없다. 생활이 있어야겠다. 생활의 중요한 구성인자인 노동과 투쟁이 있어야겠다. 노동과 투쟁이야말로 콸콸 흐르던 시의 샘이 아니었던가!

자본은 인간성과는 양립할 수 없다. 자본은 인간의 탈은 쓰되 스스로 인간의 얼굴을 한 적은 없다. 이것은 철칙이다. 이 철칙이 전일적으로 관철되고 있는 현실에서 시와 시인의 일차적인 일은 저항의 몸짓일 터이다. 이 몸짓 없이 시를 쓰고자 하는 자에게 도피 있어라, 허위 있어라, 저주 있어라. 나와 나의 시에 도피 있어라, 허위 있어라, 저주 있어라.

1991년 늦가을

김   남   주

창비시선 100

사상의 거처

초판 1쇄 발행/1991년 11월 25일
초판 17쇄 발행/2021년 6월 29일

지은이/김남주
펴낸이/강일우
펴낸곳/(주)창비
등록/1986년 8월 5일 제85호
주소/10881 경기도 파주시 회동길 184
전화/031-955-3333
팩시밀리/영업 031-955-3399 편집 031-955-3400
홈페이지/www.changbi.com
전자우편/lit@changbi.com

ⓒ 박광숙 1994
ISBN 978-89-364-2100-7 03810